本书出版受“贵阳市财政支持贵阳学院学科与硕士点建设项目(YM-2019)”资助

| 高校社科研究文库 |

当代中国公益伦理精神培育研究

刘 慧 | 著

新 华 出 版 社

图书在版编目（CIP）数据

当代中国公益伦理精神培育研究 / 刘慧著．—北京：新华出版社，2019.8

ISBN 978－7－5166－4816－2

Ⅰ．①当…　Ⅱ．①刘…　Ⅲ．①慈善事业—伦理学—研究—中国—现代

Ⅳ．①D632.1

中国版本图书馆 CIP 数据核字（2019）第 179654 号

当代中国公益伦理精神培育研究

作　　者： 刘　慧

责任编辑： 张　谦　　**封面设计：** 中联华文

出版发行： 新华出版社

地　　址： 北京石景山区京原路 8 号　　**邮　　编：** 100040

网　　址： http：//www.xinhuapub.com

经　　销： 新华书店

购书热线： 010－63077122　　**中国新闻书店购书热线：** 010－63072012

照　　排： 中联学林

印　　刷： 三河市华东印刷有限公司

成品尺寸： 170mm×240mm

印　　张： 12.5　　**字　　数：** 215 千字

版　　次： 2020 年 1 月第一版　　**印　　次：** 2020 年 1 月第一次印刷

书　　号： ISBN 978－7－5166－4816－2

定　　价： 58.00 元

前　言

“公益伦理精神”，是随着社会的发展、公共领域的逐渐扩大，人们对公共领域中自己所具有的公民身份、公民责任、公民权利，对政治生活的参与积极性等的自觉认知和履行，是从感性到理性的升华过程中相伴而生的一种精神。在一个现代化的国家里，公益精神是必须具备的，它是公共领域正常运转和国家文明进步的标志，是人们形成民主法治的生活观念，整个国家走向富强、文明的必由之路。

人原本就是群居的存在物、类的存在物，公共生活一直存在于人的历史发展过程中。但公共生活的样式和程度是随着社会的发展而不断变化的。全球化背景下中国改革开放的进一步深化，使其逐渐地融入世界发展的潮流之中，经济发展走向一体化，人与人之间、国与国之间在经济上已融合为一个共荣辱、共存亡的存在体。人类公共生活较之以往前所未有地扩大，显现出越来越重要的角色，甚至于影响到社会的长远可持续发展。我国正处于社会主义市场经济的全面深化改革时期，经济、技术都得到了快速发展，频繁的对外交流与合作创造了丰富的物质财富，同时对我们提出了相应的精神文化要求，否则它就会成为我们前进路上的绊脚石，经济建设的成果也可能毁于一旦。所以，公益精神的培育作为道德建设领域中的一个重要组成部分，对经济发展、和谐社会建设和个人的全面发展有着重要的现实意义。

人都是群体性的存在物，都是在不断的社会化中生活的，就如马克思在《关于费尔巴哈的提纲》中谈道："人的本质不是单个人所固有的抽象物，在其现实性上，它是一切关系的总和。"人与人之间总免不了各种各样的利益冲突，怎样化解这些冲突，使社会更加和谐，公益精神的培育是必不可少的。我们知道，对个体自身私利的追求是人的天性使然，也是人从自身出发的理性诉求。然而，个体利益与群体利益是密切相关的，没有群体利益，个体利益也难以实现。但是，个体利益和群体利益之间不可避免地产生冲突，如果没有公益精神，人人都从个体利益出发，置群体利益而不顾，这样一盘散沙的群体和国家，也不会长久存在，终究会在不断的斗争中湮灭。公共领域的可持续发展对国家经济发展和人民生活质量产生着重要的影响。当前困扰中国人民日常生活的雾霾天气就是我们过度追求经济的发展，公共意识缺乏导致自然环境恶化的后果。换句话说，一个现代化进程中的国家必须具备与之相匹配的公益伦理精神，只有建成这样的公益伦理精神，国民才会有较高的公德心，较高的权利义务的意识，较高的国家民族观念。就如梁启超先生所说："公德者何？人群之所以为群，国家之所以为国，赖此德焉以成立者也。"公德是维系社会的根本，"公德盛者其群必盛，公德衰者其群必衰"，公德的高下关系到国家、民族的兴衰。公德的建立是以公共意识为基础的，唯有所有公民都有强大的公益精神，公德才能真正建立起来。

总之，公益精神的培育有助于在当前全球化背景下国家、集体和个人之间的利益协调，有助于公民素质的提高，促进社会和谐，增强国家凝聚力，使公共领域利益实现最大化，使国家不断走向繁荣昌盛，实现中华民族的伟大复兴。

目　录
CONTENTS

导　论

改革开放以来，经济体制改革不断深入，市场在资源配置中发挥了日益重要的作用，在经济领域取得了较大的成绩，同时也产生了许多问题。社会制度的相对不完善使我国贫富之间差距加大，社会矛盾日益突出。公共领域因为非排他性和非竞争性出现市场失灵，社会保障因制度不完善对此难以进行有益补充。思想道德领域中原有的落后体系不断瓦解，新的道德体系尚未形成，又缺乏完备的法律法规进行规范，出现了市场经济转型过程中公共领域各种不和谐的现象，如生态环境的严重破坏、公共资源的过度使用、社会弱势群体增加、个人利益与公共利益矛盾凸显等。而公益慈善缓解社会矛盾日益发挥了一定作用。进而，公益伦理精神的培育有助于人们形成公益理性的价值观，正确面对公利与私利之间的冲突；有助于人们建构理性的生活态度，合理运用公共资源；有助于人们塑造无私奉献的精神，关怀和扶助社会弱势群体，积极参与教育、医疗、卫生等社会公共事业。

一、研究背景及意义

在近年国内大小灾难频发、重大事件（活动）接踵而至的背景下，以传统公益为主要形式的公益活动发挥了越来越重要的作用，引发公众越来越多的关注。汶川抗震救灾中许多热心公益事业的企业和个人纷纷解囊相助，无数志愿者义无反顾地报名参加灾区救援和灾后重建，带给人们的是无法用言语表达的感动；举世瞩目的北京奥运会、残奥会的成功，志愿者被称为“北京最美丽的名片”，国际奥委会首次增加向志愿者代表献花的程序；上海世博会获得巨大成功，赛场内外，志愿者以美丽的微笑和热情的服务感动了中国、感动了世界，被誉为“小白菜”的志愿者用美丽和热情传播着中国社会的进步与文明；在贵州等许多贫瘠和艰苦的地方，志愿者用爱心在希望小学支教……这些都让人们深切地感受到了民间公益的伟大力量，公益伦理精神体现了其时代的需要。当然，我们也关注到了“郭美美”“卢美美”“捐赠门”“诈捐门”“被捐款”等事件的一发再发，在严重冲击以官方慈善为代表的传统公益的社会公信度的同时，也引发了公众的相应思考和研究。

（一）研究背景

公益伦理精神作为社会意识的表现形式，随着社会存在的变化而发生变化。公益伦理精神是推动人类社会发展和文明进步的重要精神动力之一，它的孕育和形成都是伴随于人类物质资料的生产过程之中，公益伦理精神的培育途径需要深刻认识当前的社会背景。

改革开放以来，我国社会主义市场经济改革不断深入，经济领域取得了较大的成就，但也产生了诸多问题。经济领域中社会高度利益分化，资源配置从计划分配转向了市场配置，人们物质生活得到了较大丰富。思想道德领域原有内容不断瓦解，但又缺乏合理道德价值体系引导和完善的法律监督，出现人对物的过度依赖，享乐主义、拜金主义、利己主义、物质主义等充斥着整个社会，人与人之间关系冷漠，个体主义与集体主义之间无法实现统一，社会凝聚力、向心力和整合力严重弱化。相反，我国在最近几年发生了汶川、玉树地震，贵州凝冻、干旱等严重的自然灾害，许多个人和企业在第一时间捐款捐物，缓解了政府职能部门的压力，发挥了巨大的作用。北京奥运会、残奥会和上海的世博会的成功举办，志愿者也在其中扮演了重要的角色，成为政府的有力助手，受到了国际社会的关注，国际奥委会因此增加了向志愿者代表献花的环节。

公益引起了公众越来越多的关注。人们开始意识到了公益的重要作用，踊跃地加入公益活动中。在这样的社会背景之下培育公益伦理精神，有助于推动和壮大我国公益事业。

（二）研究意义

公益伦理精神是公益主体从利他意识出发，致力于对人类发展过程中共同关注的问题的过程中所展现的心理态度、价值观念和人格品质。它体现的是在人的主体性的前提下，超越个体私利的理性精神个人对社会的责任担当。公益伦理精神作为人的精神样态的要素之一，对个人的全面发展和社会的文明进步有着极其重要的意义。

1. 理论意义

马克思、恩格斯在有关人的全面发展理论中指出，人在精神生活上的追求，是人区别于动物的真正需要。“动物和它的生命活动是直接同一的，动物不把自己同自己的生命活动区别开来，它就是这种生命活动。人则使自己的生命活动变成自己的意志和意识的对象。他的生命活动是有意识的。”“有意识的生命活动把人同动物的生命活动直接区别开来。”① 人的全面发展是人类社会不断努力实现的理想和目标，不仅使人具有丰富的物质财富，还应该有较高的精神境界，精神上的进步不断促进人们改造客观物质世界，推动历史的进步。马克思指出：“人不是抽象的蛰居于世界之外的存在物。人就是人的世界，就是国家、社会。”② “只有在共同体中，个人才能获得全面发展其才能的手段，也就是说，只有在共同体中，才可能有个人自由。”③ 个人的发展和利益的实现离不开社会。只有通过社会这一共同体，个人才能获得全面发展，公益伦理精神为个人更好地生活在共同体中创造了条件，为个人的自由发展创造了一个和谐友爱、公平正义的社会共同体，使每个人得到更全面的发展。

马克思的利益观指出“人们奋斗所争取的一切都与他们的利益有关”④。而利益本质上是一种社会关系，是一定的客观对象在满足主体需要并在主体之间分配时所形成的一定社会关系形式。“每个人为另一个人服务，目的是为自己服务；每一个人都把另一个人当作自己的手段互相利用。”⑤ 人与人之间矛盾和冲突的根本原因是利益的冲突。“共同利益恰恰只存在双方、多方以及各方的独立之中，共同利益就是自私利益的交换。一般利益就是各种自私利益的一般

---

① 《马克思恩格斯全集》（第42卷），人民出版社1979年版，第76页。
② 《马克思恩格斯文集》（第1卷），人民出版社2009年版，第3页。
③ 《马克思恩格斯选集》（第1卷），人民出版社1995年版，第119页。
④ 《马克思恩格斯全集》（第1卷），人民出版社1995年版，第187页。
⑤ 《马克思恩格斯全集》（第30卷），人民出版社1995年版，第198页。

性。"① 公益伦理精神中蕴含着人们在面对公利与私利冲突时的价值取向，引导人们建构一种和谐、相互促进、有机统一的公私利益的关系。我国是社会主义国家，其本质是以全社会利益为宗旨，解放生产力，发展生产力，消灭剥削，消除两极分化，最终达到共同富裕。而公益伦理精神培育了公众的公共理性的精神，使人们自觉参与和融入公共生活中来，认同并践履公共理念，调节社会贫富差距，促进社会公平正义，实现人类发展的可持续性。

2013 年 11 月，中国共产党十八届三中全会通过的《中共中央关于全面深化改革若干问题的决定》（以下简称《决定》）启动了我国新一轮的全方位改革。在社会领域，《决定》提出要"紧紧围绕更好保障和改善民生、促进社会公平正义深化体制改革，改革收入分配制度，促进共同富裕，推进社会领域制度创新，推进基本公共服务均等化，加快形成科学有效的社会治理体制，确保社会既充满活力又和谐有序"。这标志着我国的改革已经从经济改革向社会改革过渡，社会建设与社会改革工作有了全新的方向。从《决定》中可以看出，国家在处理社会公共事务时已经从"社会管理"转向"社会治理"，"管理"体现的是公权力对社会事务的全面掌管及对公共资源分配的绝对处置权；而"治理"更多地体现了政府、社会组织、公民等多元主体平等参与社会事务和对公共资源分配的协同合作。这一转向有利于公益组织发挥更大的作用，担当重要的角色。

由此，我们看到了公益伦理精神培育的理论研究的价值和需求，特别是在当前我国从经济改革向社会改革过渡，社会组织从管理向治理转型，为公益伦理精神的培育创造了前所未有的机遇，使公益伦理精神的培育成为当下重要的理论研究课题。

2. 实践意义

近几十年来，随着中国经济社会的进一步发展，市场经济中内涵的自由和平等观念使中国几千年传统文化中被埋没的人的主体性精神特别是个体主体性得到了合理的对待，而这样的主体性精神因缺乏有效的引领而产生了物化和庸俗化现象，正如黑格尔所言："在市民社会中，每个人都以自身为目的，其他一

① 《马克思恩格斯全集》（第 30 卷），人民出版社 1995 年版，第 199 页。

切在他看来都是虚无。"① 人对人的依赖转变成了人对物的依赖。出现了泰勒所描述的价值困惑：人们形成共同的目标并加以贯彻的能力逐渐减弱，人们越来越少地在一个共同计划或以某种忠诚的态度与他们的公民伙伴结合起来，不能形成一个整合的社会。市场经济是一个高度利益分化的社会，而这样的利益分化与个体主体性相结合，所导致的"囚徒困境""搭便车""公地悲剧"等现象使公益伦理精神的培育显得更加迫切。

公益伦理精神有助于减小贫富差距，促进社会公平正义。随着我国社会主义市场经济的深入转型，通过市场配置资源决定劳动力报酬，实现了第一次财富分配。这一分配通过竞争机制使有资本、有知识、善于创新和努力的人得到更多的报酬，先富起来，竞争中处于弱势的群体陷入困境，由此造成了贫富差距的初步形成，导致社会矛盾和冲突频发。虽然政府机关采取税收、财政等杠杆实现收入分配的再调节，力图减小贫富差距，缓解社会矛盾，但却因为政府资源有限、影响生产效率等未从根本上解决这一问题。因此，需要公益伦理精神通过灵活、创新的方式，发挥道德力量，用更有针对性、更有效的方式扶持弱势群体，从根本上解决贫富差距的问题。

党的十八大报告指出，当前我国的发展不平衡、不协调、不可持续问题依然突出，制约科学发展的体制机制障碍较多，城乡区域发展差距和居民收入分配差距依然较大，提出全面协调可持续发展，构建社会主义和谐社会，加快生态文明建设，形成中国特色社会主义事业总体布局，应着力保障和改善民生，促进社会公平正义，推动建设和谐世界。公益伦理精神所倡导的仁爱、利他主义、互助原则，可以有效地抵制市场竞争中的利己主义和个人利益最大化对社会生活领域的渗透，为社会营造诚实守信、互助互爱、平等融洽的社会良好道德风尚，切实维护和实现社会的公平正义，很好地规则市场主体的行为，抵制市场经济竞争中的极端利己主义和个人利益最大化的价值观对社会造成的影响。公益伦理精神的研究，对构建一个公平正义、可持续发展的当代中国有着极其重要的意义。美国经济学家博斯腾讲述过这样的一个寓言："我曾经听人们讲过一个发生在天堂和地狱的故事，人们围坐在盛满美味大餐的餐桌旁，食物远离

① ［德］黑格尔：《法哲学原理》，范扬、张企泰译，商务印书馆 1996 年版，第 197 页。

他们，不过他们每人都手握真正的、可以触及那些食物的长长餐叉。在地狱，人人都挨饿，因为尽管每个人都可以用手中的餐叉取到食物，但是，餐叉长于他们手臂，以至于他们弯过手臂难以把餐叉终端的食物送到嘴里。在天堂，人们也面临餐叉太长的问题，但是大家吃得很好，怎么回事？因为他们互相喂食。”当前中国正是缺少这样的互相帮助、替他人考虑、奉献的精神，缺乏对社会、国家的责任和担当。如何在满足主体性的需求的同时理性地处理公利与私利之间的矛盾和冲突，这正是目前亟待解决的问题。培育公益伦理精神，形成合理的公益价值观是当前我国公共道德困境为我们提出的重要任务。

二、研究现状

（一）国外研究现状

从19世纪末至今，西方国家对公益伦理精神的研究大致经历了三个阶段。第一阶段是19世纪末20世纪初，此时的公益伦理精神实际上体现了社会达尔文主义和改良主义思潮的交汇，社会理想主义和实用主义的结合。第二阶段是20世纪六七十年代，主要源于公共选择理论的兴起，公益伦理精神被“经济人”假说所取代。第三阶段是20世纪80年代以来，得益于知识经济的降临和公民社会理论的兴起，公益伦理精神研究拓展到医学、社会学、经济学、政治学、管理学等领域。尤其是在美国，在此以前就已形成了以耶鲁大学为研究中心的研究群体。当前美国此类以大学为基地的研究中心已达30多个，比较有影响的有：纽约城市大学的公益事业研究中心、印第安纳大学公益事业研究中心、霍布金斯大学的公民社会研究中心、杜克公益事业与志愿活动研究中心，等等。公益伦理精神植根于西方大学发展的历史中，不管是20世纪70年代兴起的服务学习，还是近年来萌发的公益创业课程，都体现了西方大学在公益伦理精神培育方面的新发展。当然，国外的大量研究成果也被介绍到中国，例如，美国学者赫兹林格的《非营利组织》、李亚平等选编的《第三域的兴起：西方志愿工作》、里贾纳·E. 赫兹琳杰的《非营利组织管理》、俞可平的《治理与善治》，等等。所有这些成果对于中国公益理论研究起着很大的推动作用。当然，还有部分学者将国外公益事业的研究成果进行了翻译性的引荐。一类是涉及公益法律研究的著作，如《亚洲公益事业及其法规》一书比较全面地概述了亚太10个国家和地区的公益组织的法制体系（［美］托马斯·西尔克，2000）；而《美国慈善法指南》则系统地解释晦涩难懂的美国慈善法律，阐述了国外慈善组织与美国慈善组织的法律关系（［美］贝奇·阿德勒，2002）。另一类是涉及企业与社会公益事业，如《企业的社会责任：通过公益事业拓展更多的商业机会》（［美］科特勒等，2006）、《善因营销：推动企业和公益事业共赢中国》（［英］阿德金斯，2006）。还有一类是公益组织研究著作，如萨拉蒙的《全球公民社会》（［美］萨拉蒙等，2007）。

总的说来，国外学者针对公益伦理精神研究的著作相对较少，但在与公益伦理精神相关的公益活动、公益组织、公益法律等方面的研究，相对较为全面和深入。本书主要概括了与公益伦理精神相关的公益目的、公益责任、公益载体、公益事业的相关研究现状，它们为本书的写作提供丰富的资源。

1. 关于公益基本概念的研究

公益的概念国外已有多名学者进行了研究，但均根据各自的研究领域、研究视角进行界定，因此出现了公益概念的多种解释。德国学者洛厚德（C. E. Leuthold）在其著作《公共利益与行政法的公共诉讼》一文中指出，公益是一种相对多数人的利益，这一数量的确定则针对某一区域内，在这一区域内的多数人的利益就应当是公益，少数人的利益则不能被认定为公益。因此他提出，少数人的利益应当完全服从多数人的利益。另一位学者雷思纳（W. Leisner）则认为公益应当根据不同的情况来进行划分，第一种是不确定多数人的利益。第二种是具有相同的特质的个人利益也能上升为公益，如每个人都应当获得公平教育的机会，就是一种公益。第三种是某些少数人的利益，但这一利益是权利所赋予的利益。总的说来，国外学者对公益概念的界定目前没有形成一个统一的解释，而是根据不同学科、不同视角做出了多种解释。

2. 关于公益目的的研究

《行善》是美国研究公益的著名牧师科顿·马瑟的代表作，他指出公益事业不是私人行为，而是一种集体的事业。公益目的是从根本上解决受助者的问题，因此捐出去的钱要合理运用，目的是为接受者创造工作的机会，而不是培养懒汉。富兰克林作为美国公益事业研究的先驱者，认为公益的目的是要改造社会，为所有人创造自力更生的机会，从而使社会没有需要救济的穷人。他指出单纯的施舍足以加深贫困化，强调对穷人做好事之道不在于使他们在贫困中过得舒服一些，而是要引导他们走出贫困。作者提出了“促进人类幸福”“提高普遍的知识水平”的口号，这一口号后来成为许多公益组织创建的宗旨。美国著名的慈善家安德·卡内基在其著作《财富的福音》中指出，公益的目的是从根本上培养人们获得财富、摆脱贫穷的能力，实现人类长远发展的目标。因此他认为公益活动的领域依次为大学、图书馆、医院、公园、音乐厅、游泳池、教堂。

3. 关于公益责任的研究

美国学者彼得·德鲁克（Peter F. Drucker）在著作《管理：职能分责任》中指出，富人应当主动承担社会建设的责任，建议为国家、社会的发展多参与公益活动。另一学者阿瑟·C. 布鲁克斯（Arthur C. Brooks）则从实证角度研究了公益责任。它利用实证研究的方法，对积极参与公益活动和不参与公益活动的人群进行调查研究，发现积极参与者获得成功的概率较高，因为他们容易获得社会信任资本，能够建立良好的人际关系。因此，他主张每个人都应当积极地参与到公益活动中，主动承担国家建设、社会进步的责任。菲利普·科特勒、南希·李的《企业的社会责任：通过公益事业拓展更多的商业机会》和马尔科尼的《公益营销》等论著指出，各种类型的企业将基于社会责任将公益行为与企业的发展很好地结合在一起，这是企业发展战略性的决策，也是企业能够发展壮大的途径。此外，还有萨拉蒙的《全球公民社会》等相关著作都不同程度地阐述了公益责任对个人、社会、国家发展的重要作用。

4. 关于公益法律监督机制的研究

英国的《伊丽莎白法规》通过调节税收、建立有效的管理监督机制，使更多的人投入到公益事业。这一政策的实施，推动了西方公益事业世俗化和普遍化、援助对象社会化，成为西方公益事业史上的里程碑和现代西方公益事业的先声。美国学者托马斯·西尔克在 2000 年所著的《亚洲公益事业及其法规》，对亚太国家和地区的公益组织的法制体系进行了较为全面的概述①。美国另一学者贝奇·阿德勒在 2002 年所著的《美国慈善法指南》，系统阐释了美国慈善的相关法律，解释了慈善组织在国外与美国的不同法律关系。这些关于公益法

① ［美］托马斯·西尔克：《亚洲公益事业及其法规》，北京：科学出版社 2006 年版。

律监督机制的著作，充分发挥法律法规在公益活动各个环节的监督作用，使公益组织具有较高的公信力，促进公益事业的发展。

5. 关于公益事业发展历史的研究

1960年，学者罗伯特·H. 布雷姆纳所著的《美国的慈善行为》，论述了美国公益慈善思想的起源，公益事业的演变和发展历史。马修·比索普的《慈善资本主义》比较系统地回顾了西方慈善的发展历程，并对当下被称为第五个黄金时代的慈善新特征做了全面的总结。学者理查德·塔纳斯在其著作《西方公益思想史》中，细致梳理了西方公益发展史上博爱和救济意识的历史演进。美国历史学家David Rothman 和Clifford Griffin 追溯了美国从殖民时期以来的公益的发展历史。20世纪60年代学者Robert H. Bremner 著述的《美国公益》一书比较全面地展示了美国公益事业发展的历史全貌。这些著作对公益事业发展历史的研究，对当代我国公益伦理精神的培育提供了宝贵资源和借鉴意义，为当下公益伦理精神的培育途径提供了极大帮助。

（二）国内研究现状

国内自改革开放以来，公益领域的研究逐渐引起了人们的关注。国内有关公益伦理精神研究的专著、期刊论文和硕博论文都相对较少，著作类主要包含秦晖的《政府与企业以外的现代化——中西公益事业史比较研究》、李莉著的《中国公益基金会治理研究》、周秋光的《熊希龄与慈善教育事业》《中国慈善简史》、张兵武的《公益之痒——商业社会中如何做公益》、何增科的《公民社会与第三部门》、赵荣的《从政府公益到社会化公益》、卢德之的《资本精神》、彭柏林等（2010）的《当代中国公益伦理》、钟明华、卓高生的《现代社会公益伦理精神生成的多维审视》、资中筠的《散财之道——美国现代公益基金会述评》（该书2006年再版，更名为《财富的归宿——美国现代公益基金会述评》，2015年9月修订后再次出版，更名为《财富的责任与资本主义演变》）。

公益伦理精神研究的相关期刊论文共27篇，CSSCI文章仅有6篇，代表性的有卓高生的《公益精神概念辨析》；硕士论文10篇，其中仅有一篇与公益伦理精神培育相关，即罗海钰《民间社团公益精神培育研究》；相关博士论文两篇：湖南大学博士研究生戚小村的《公益伦理略论》、卓高生的《当代中国公益精神研究》。针对现有资料的统计，直接以公益伦理精神为主体进行研究的著作、文章和硕博论文屈指可数，但与之相关的则比较丰富，概括总结主要聚焦于以下几个方面。

1. 关于公益伦理精神及相关概念的研究

公益伦理精神概念的准确界定是这一领域研究的方向和路标。根据国内现有资料，仅有《公益精神概念辨析》与《现代社会公益伦理精神生成的多维审视》中界定了公益伦理精神是公益主体基于一定的关怀和利他意识而面向特定社会群体或人类共同关注问题的一种心理态度、价值观念和人格品质。秦晖的《政府与企业以外的现代化——中西公益事业史比较研究》中谈到了公益一词的来源及历史，但没有对公益伦理精神进行界定。李春城的《公共利益的概念建构评析——行政伦理学视角》中就公益中的英文释义进行了阐述，但并未深入分析。王景斌的《论公共利益之界定——一个公法学基石性范畴的法理学研究》一文中指出："很多文章、论著都把公共利益简称为'公益'，认为二者内涵完全一样。但其实二者含义在不同的语境下是不尽相同的。"但文章没有针对公益及公益伦理精神的概念进一步深入分析和界定。除此之外，在其他文献的查阅中大多数人在公益或公益伦理精神概念的界定问题上采取了回避的态度，或者给予一个模糊的解释。

2. 关于公益伦理的研究

公益伦理是公益伦理精神培育和公益活动开展的内在价值体现和行动规范。国内部分学者对此进行了深入研究，主要有戚小村的《公益伦理略论》和《论西方公益伦理思想的两大历史传统》、彭柏林的《当代中国公益伦理》、虞文华的《梁启超的"公益之道"思想探析》。这些成果深入研究了公益伦理的概念、价值体现、内涵的权利和义务及应当坚持的原则；社会弱势群体实施人道救助的价值和调节救助者和被救助者即弱势群体之间各方面关系的道德原则和规范。研究还指出当前我国公益伦理出现了诚信问题、参与公益活动的自觉性问题、公益资源配置的公平问题。相关著作概括了全球化时代中国传统公益伦理所面临的认同困难、社会主义和谐社会的构建对公益伦理提出的新要求及公益伦理理念需要与公益事业的发展相适应等问题。从上述考察可以看出，国内学者针对公益伦理的研究进行了比较深入而又全面的研究，为这一领域其他相关研究奠定了坚实基础，提供了丰富资源。

3. 关于公益文化的研究

公益文化体现了人们在公益活动中的价值观念、审美情趣和思维方式。优秀的公益文化能够为公益事业的发展壮大提供优质的文化土壤，是形成公益伦理精神的重要源泉。国内学者对当前我国公益文化进行了较为翔实的研究。贺善侃《国际大都市公益文化比较研究》一文中，对纽约、巴黎、莫斯科等国际都市的公益文化建设经验的透视，以及对北京、上海等国内大城市公益文化建设情况的探索，都是为了找到一条符合中国特色的都市公益文化建设道路。陈秀峰和李莉的《从慈善文化走向公益文明：试析中国基金会的治理理念》中阐述了中国公益事业发展过程中，怎样从单一的慈善文化提升到当前社会发展所需的公益文明。秦晖的《政府与企业以外的现代化——中西公益事业史比较研究》一书中，针对中西方公益事业发展的历史进程，对比了每一时期体现出来的公益文化的差别，为之后对公益相关领域的研究提供了新的思维方式和宝贵资源。

4. 关于公益事业监督机制的研究

公益伦理精神是一种注重行动的实践精神，这一精神的培育需建立在各种各样的公益实践活动中，而公益活动能否顺利开展，是以完善的监督机制为前提的。国内学者针对当前我国公益事业中出现的严重公信力问题，进行了大量的研究。彭小斌的《公益慈善事业管理》一书中，指出公益事业管理的重要性和必要性，公益事业管理缺乏面临的风险，因此提出应从公益从业队伍、公益资金、制度规范和文化管理等几个方面对公益事业进行管理和监督。卢德之的《论慈善事业：卢德之资本精神与现代慈善演讲录》中认为慈善基金会在运行过程中应当遵循诚信、专业、规范、透明、高效等原则。李芳的《慈善性公益法人研究》① 从法律制度的视角出发，探讨了慈善性公益法人的类型、设立、内部治理和外部监督等问题，对我国慈善性公益法人制度建设的立法原则进行了详细的研究。石国亮的《当代中国公益慈善研究丛书：慈善组织公信力研究》中，通过实证调查我国当前公益慈善组织的公信力，辨析了公益公信力与信任二者的异同，同时立足我国公益慈善组织的客观现实，通过全国性抽样调查和

① 李芳：《慈善性公益法人研究》，山东大学2008年版。

深度访谈，多角度分析了公益慈善组织公信力的现状和影响因素。研究发现，影响公益慈善组织公信力的因素包括知晓公益慈善组织数目、公益慈善的个人效能感、捐赠后的信息反馈、普遍信任、媒体认知和慈善事件等。因此，作者运用层次分析法，以公众和公益慈善组织两个维度为基准，确立了包括六个一级指标、十八个二级指标和若干个三级指标在内的公益慈善组织公信力评价体系和评价模型，为公益慈善组织公信力建设提供了一种新思维的备选方案。

5. 关于公益事业发展史的研究

国内学者在公益事业领域的研究除了上述几方面之外，还重点研究了中西方公益事业发展和演变的历史。《政府与企业以外的现代化——中西公益事业史比较研究》一书，系统地总结了中西方公益模式形成的经济、政治和文化等方面的原因，对比研究了中国传统公益发展模式和西方公益发展模式的区别，分析了当今中西方第三部门发展和公民社会的走向。周秋光和曾桂林的《中国慈善简史》从历史的角度剖析国民慈善精神的根源，总结阐述了中国古代慈善的发展历史，与此同时也挖掘了中国慈善发展过程中官办慈善组织与民办慈善组织的历史博弈过程，以及我国现行慈善体系的历史根源。王卫平的《中国慈善史纲》回顾了千百年来我国慈善事业的发展历史，详细介绍了历代的政府救济行为对民间慈善事业的影响，强调政府对慈善的重要作用，并从社会保障的角度看待民间慈善的作用。资中筠的《财富的归属——美国现代公益基金会述评》中论述了美国公益事业的历史渊源、现代基金会的兴起与发展以及基金会与政府的关系，列举并探讨了各类基金会的发展实况，阐述各类基金会与中国的关系，介绍了美国基金会的发展对我国慈善事业发展的借鉴意义。

通过上述归纳总结，可以看出当前有关公益伦理精神的研究相对较少，仅仅针对概念界定和形成维度做了初步研究，针对当代中国公益伦理精神培育的时代背景下，公益伦理精神体现的内涵、特征及缺失的原因等，都没有进行深入的研究，远未达到成熟的、能服务于公益实践，为当代中国公益模式创新提供指导这样的深度研究。因此，本书力图在公益伦理精神培育过程的理论和实践研究上有所突破。

三、研究主要内容及重难点

（一）研究主要内容

本书的研究从公益伦理精神的概念界定，考察公益现象的演变历史出发，梳理公益伦理思想渊源；针对当前中国时代背景，分析中国公益伦理精神缺失的原因和影响，提出有效的培育路径。

导论阐述了五个方面的内容。一是研究背景及意义。从理论背景、现实背景出发，阐释当代中国公益伦理精神培育的重要性和必要性；二是梳理和分析国内外的相关研究成果，掌握当前公益伦理精神的研究动态；三是概括研究主要内容和重难点；四是设计本书的总体思路和方法。五是阐述主要创新之处和反思不足的地方。

第一章以公益的词源考察为起点，界定公益伦理精神的相关概念和公益伦理精神主体。

第二章从中国传统儒释道、西方和马克思主义经典作家的公益思想中，找出当代中国公益伦理精神产生的思想渊源，提供借鉴资源，奠定下文写作的理论基础。

第三章主要考察当代中国公益伦理精神的内涵、特征及价值体现。当代中国公益伦理精神的内涵主要包含超越私利的利他精神、扶助弱势的友爱精神、热心公益的责任意识、注重行动的实践精神；体现助人自助的互惠性、人格平等的责任性和理性主导的自觉性的特征。展现了增进公共利益、促进公平正义、引领社会风尚、推动进步和谐的时代价值。

第四章对当前我国公益伦理精神的现状进行了实证调查。调查当前人们在公共生活中公共意识、公益认知、公益责任的表现。概括总结当前中国公益伦理精神中比较积极的方面、存在的问题和产生的后果，并分析公益伦理精神缺失的原因所在。

第五章研究当代中国政治、经济、文化转型为公益伦理精神培育提供的现实基础。主要研究中国市场经济的深入转型为当代中国公益伦理精神的培育提供了所必需的人的主体地位、权利与义务、自由与平等的思想和公益理性价值观；政治体制的改革为现代公益伦理精神的培育提供了正确的方向，优化了管理体制，形成了多样的公益参与渠道；多元文化背景下中国传统文化的传承创新，与其他文化的交流、碰撞和融合形成的新元素为现代公益伦理精神的培育营造了良好的氛围。

第六章针对调查的结果分析，在前五章研究的基础上，找出公益伦理精神培育的载体和原则，提出有效的公益伦理精神培育途径。公益伦理精神的培育需建立在公益活动的具体实践之中，因此本书针对当代中国公益活动的具体实践把公益伦理精神的培育载体分为管理载体、活动载体、文化载体和大众传媒载体。在坚持主体性、针对性、层次性和整合性原则相结合的基础上，通过加强公益文化建设、重视公益教育、完善公益管理机制、培育专业公益人才、创新公益模式的途径，培育当代中国公益伦理精神。

结语部分是对本书主要内容的总结、反思和未来研究的展望。本书认为，社会主义市场经济的深入发展和完善，当代中国公益伦理精神的培育必将成为推动社会发展进步的精神动力，本书期望在考察公益发展历史与现状的基础上，对当代中国公益伦理精神培育提出可行性的建构措施，促进公益伦理精神从传统向现代的转型，做出理论与实践相结合的研究。

（二）研究重、难点

本书研究的重点在于怎样在当代中国时代背景下有效培育公共公益伦理精神，使其为中国社会建设提供强大的精神动力。培育过程中的有效性途径的提出需蕴含当代中国公益伦理精神的时代内涵和特征，才能真正实现培育实效性，这正是难点所在。

四、研究思路及方法

（一）研究思路

本书把有效培育公益伦理精神作为实现目标。公益伦理精神作为社会意识形态的表现形式，产生于人类物质资料的生产过程中。因此本书首先从词源学的角度，准确界定公益伦理精神的概念；以此作为研究的逻辑起点，考察人类历史上公益活动产生的原因和演变形式；梳理中西方公益思想，以及马克思主义思想中关于公益的思想。其次，以马克思辩证唯物主义原理中社会意识反映社会存在作为思想指导，根据时代变化概括当代中国公益伦理精神的时代内涵、特征和价值体现，为公益伦理精神培育提供方向指导；根据当代中国经济、政治、文化的变化，总结公益伦理精神培育的现实基础。最后，以公益伦理精神的培育为逻辑终点，对当前中国各阶层人群进行实证调研，根据调查结果查找原因，提出可行性的培育途径。

（二）研究方法

1. 历史唯物主义

公益伦理精神是一个历史范畴，在不同的社会发展时期具有不同的表现形态。当前我国公益伦理精神的培育既具有深厚的现实基础，也与社会背景的变化密切相关。因此，本书运用历史唯物主义的方法，把公益伦理精神的培育放在具体的社会背景中进行探讨。

2. 文献研究法

正确培育当代中国社会的公益伦理精神，应对中国历史发展进程中公益伦理精神的演变进行考察，才能在丰富的历史资料中对当代公益伦理精神培育途径做出有效建构。本书以公益伦理精神培育为文献查找目标，通过中国知网、万方数据库、人大复印报刊资料等途径检索公益伦理精神培育的各类相关硕博论文、期刊论文、报纸、会议论文等，通过国家图书馆、中央财经大学图书馆、北京市图书馆查找公益伦理精神研究已有的各类著作，梳理检索和查找相关资料，找到可借鉴资源。

3. 实证研究法

本书以当代中国公益伦理精神时代内涵为基础，对当前中国各阶层群体的公益伦理精神的表现形式，即公益认知、公益责任、公益参与和公益理念，发放问卷进行调查，根据数据调查结果分析不同群体的公益伦理精神状况及存在的问题，由此提出可行性的培育方案和培育途径。

五、创新之处及不足

（一）创新之处

目前学术界针对公益活动方式、内容等相关内容成果较为丰富，但是怎样从具体的公益活动中培养公益伦理精神，使其成为引领时代发展的标杆，成为强有力的精神动力，这一方面的研究相对较少。本书以培育公益伦理精神为目标，深入研究了当代中国公益伦理精神的时代内涵与特征、培育的现实基础和有效的培育路径。

创新之一：重新界定公益伦理精神的概念。本书根据当代中国公益伦理精神的时代内涵与特征，重新把公益伦理精神界定为：公益伦理精神是公益主体从关怀和利他意识出发，对社会特殊群体的关怀和扶助，对人类社会发展过程中共同关注问题进行实践过程中所展现的心理态度、价值观念和人格品质，体现的是人在超越个体私利的理性精神升华，展现了个人对社会的责任担当，它是人的物质属性、精神属性和社会属性的统一。

创新之二：解析了当代中国公益伦理精神新的时代内涵与特征。针对当代中国的时代背景的变化，重新解析了当代中国公益伦理精神的时代内涵是超越私利的利他精神、扶助弱势的友爱精神、热心公益的责任意识和注重行动的实践精神，体现互惠性、责任性和治理性的时代特征。

（二）不足之处

笔者对于当代中国公益伦理精神现状进行实证调查，期望为培育途径构建提供有力的支撑材料，但在问卷设计中，有的问题过于宏观，缺乏一定的针对性。调查过程中覆盖面较窄，有的领域未能涉及，因此调查获取资源不够全面和深入，因此，在实证部分的研究有些欠缺。

第一章

公益伦理精神的基本概述

公益伦理精神相关概念界定是研究公益伦理精神其他一切问题的首要前提。公益伦理精神思想渊源梳理与提炼则为培育公益伦理精神提供宝贵的借鉴资源。两者的重要性和必要性是不言而喻的。因此，本章内容旨在对公益伦理精神的相关概念进行界定，为下文写作奠定理论基础。

第一节　公益伦理精神的相关概念界定

公益伦理精神的概念界定应首先建立在对公益的界定基础之上，而学界针对公益的基本含义、涵盖的范围等从不同的角度、不同的层次给予了各种各样的界定和诠释，本书在综合前人的研究基础上，对公益伦理精神的相关概念做出以下考察和界定。

一、公益的概念界定

（一）公益的词源追溯

中国古代汉语言体系中并无“公益”一词，仅能追溯到“公”和“益”的单个字的字面意思。“公”，会意，小篆字形，上面是“八”，表示相背，下面是“厶”（“私”的本字），合起来表示“与私相背”，即“公正无私”的意思。《韩非子·五蠹》中指出“背厶谓之公，或说，分其厶以与人为公”，《春秋·元命苞》中所言“公之为言公正无私也”，这里的公指的就是与私相背、公正无私的含义。公还有引申的含义，如公平、公正、国家的、共同的、公然、公开、公务、对人的尊称、丈夫的称呼等。贾谊《论积贮疏》中的“汉之为汉，凡四十年矣，公私之积，犹可哀痛”；黄宗羲《原君》说：“以我之大私为天下之公。”这里的“公”都指公有、公利。“益”会意，小篆字形。《说文解字》中解释有增益、有余之意。益的本意指水漫出来、富裕、增加、利益、更加等，常常与害相对比，表现为有益处、增加好处、利益等。《吕氏春秋·贵当》说“其家必日益”，这里的“益”指富裕的意思。《论语·先进》中的“而求也为之聚敛而附益之”，“益”指增加的意思。“益”在中国古汉语中更多体现的是褒义，赞扬的含义，并以此产生了“谦受益，满招损”等很多名言佳句。

公益是一个西方用语，日本人留冈幸助始在其著作《慈善问题》中首次将西文的 Charity 与 Philanthropy 译为“慈善”，“Public Welfare”译为“公益”。①Charity 与 Philanthropy 都是指源于爱心帮助需要帮助的人。Charity 中的爱心含义主要是来自西方基督教教义中的博爱思想，付诸行动就是在仁慈之心指引下的乐善好施行为。Philanthropy 来源于“phil”和“anthropy”这两个拉丁字根，表达了爱人类的含义，有增进人类共同福祉的内涵。Philanthropy 与 Charity 的含义相比较，Philanthropy 体现了较强的社会性，慈爱之心的覆盖面更广泛，更注重长远的、更深层次的爱。“public welfare”作为“公益”的含义，来源于希腊词语“pubes”和“koinon”。pubes 英译为成熟、完备的意思，不仅指身体上体质的成熟，更侧重于指人在心理、个人情感、智力能力上的成熟，标志着不仅能够感性思维，还能上升到理性思维，关注他人和社会整体利益，能够超越对个人利益的追求，达到认同和理解个体自身行为对他人造成的后果及公共领域中个人与他人之间关系的理性自觉。“koinon”意指 care with（关怀），有主观上的一种“共同的、集体的人性关怀”。② public welfare 含义中的成熟不仅指身体上，还指心智上的成熟和完备。这种成熟和完备，是人在身体成长的过程中，通过不断的社会化实践活动，对象化与被对象化使身体与心智不断成熟而达到的境界。

① ［日］留冈幸助：《慈善问题》，警醒书社 1898 年版，第 56 页。

② 李春成：《公共利益的概念建构评析——行政伦理学视角》，复旦学报（社会科学版），2003 年第 1 期。

从“公益”的词源意思我们可以看出，公益是人在生理和心理成熟的状态下形成的对所生活共同体的利益关注、向往和追求。这一追求需建立在超越自身个体利益的关怀，以及自己一己私利的基础之上。

（二）公益基本涵义的历史考察

公益作为人的实践方式，在人类生产生活的历史发展进程中，对人类文明程度的提升发挥了重要的作用。中西方对这一活动不同的实践演进，赋予了它不同的内涵。因此，我们对这一词汇的历史考察有助于全面地理解它的内涵。

中国古代并无“公益”一词，但是从词源追溯上，我们可以看出在我国古代经济不发达的时期，中国实行了长达几千年的封建专制统治，在这种高度集权的统治之下，公益是以救助弱势群体的慈善方式表现出来，但并非用“公益”一词而是用其他的词汇来表达其含义，如汉传佛教中的“布施”“救济”“义舍”“义仓”“义举”等。目前国内学者对公益的界定主要依据《中华人民共和国公益事业捐赠法》（1999 年 6 月 28 日第九届全国第十次会议通过）中的规定：公益包含对灾害、贫困、残疾等困难群体和个人救助的活动；文教卫生、环境、社会公共设施等推动社会发展和进步的相关社会公共福利事业。

西方公益的提出主要产生于古希腊时期，表现为公共利益的含义。这一时期的希腊人政治上实行的是城邦生活的制度。这一制度下形成的城邦文化塑造了特有的群体本位政治观，即实现公共利益是城邦能够存在、发展和强大所必须的价值基础。所有城邦的公民都应当为此目标而奋斗，甚至不惜牺牲个人利益。城邦公共利益绝对高于个人利益，是城邦追求的最高的善。城邦的共同利益被认为是公益成为西方公益思想的起点，在此之后，西方历史进程中著名学者对公益做出各种不同阐释。

亚里士多德认为，人只有在一定的社会群体中才能生存和发展，“最高的善”的实现是人得到幸福的必要条件。他所指的“最高的善”的具体实现形式就是整个城邦的公共利益。亚里士多德认为城邦利益的实现是个人幸福得以实现的保证。卢梭则认为公益是人们公意的表现，是人类公共幸福实现的前提条件。公意体现公众的真正利益，代表公众的公共利益，是一种公平的体现，但并不包含所有人的利益。人们只有在公共利益上达成一致观点，才能促进公共幸福的实现。功利主义学者边沁认为建立在共同体之上的公益是一种虚构体，是不存在的。它只不过是每一个公民个人利益的总和而已，没有个人利益或特殊利益，共同利益也不会存在，公益也不会存在，它的存在是以个人利益的存在为基础。德国学者阿尔弗莱德·弗德罗斯指出，每一个公民自身的个体利益的总和不能构成整个社会的公共利益，是人与人之间通过交往创造产生的利益总和才是社会公共利益。哈耶克对于公共利益的理解则另辟蹊径，展现的是另一个角度的见解。他认为，公共利益是一种抽象秩序的表达，“自由社会的共同福利或公共利益的概念……而只能定义为一种抽象的秩序。”① 德国学者洛厚德（C. E. Leuthold）在1884年发表的《公共利益与行政法的公共诉讼》一文中指出，公益是某一个地区、行政组织或国家的大多数人的利益，是不确定的，而这些不确定的利益形成了公益。由此看出，上述西方学者从不同的角度阐释了公益的概念，在他们的思想中公益更多地被解释为公共利益的体现。

除此之外，历史上西方学者从法学、伦理学、政治学、社会学等角度对公益做出不同的解释。如德国学者纽曼从法学角度提出“公益是一个不确定多数人的利益”，这个“不确定多数受益人”也就符合公共的含义。只要大多数的不确定数目的利益人存在，即属公益。② 这一界定表达了公益的价值目标是实现整个社会公平与正义，这一目标的实现是以友爱奉献、权利义务为分配体系的伦理机制标准为基础。经济学领域的学者认为公益是投资者对盈余的社会资源的分配，但是投资者本身不参与分配谋取利益，仅仅以为他人获取利益为目标。政治学领域的学者认为公益是一种国家治理结构和治理权力中以社会为中心的分配体系。伦理学领域的学者则认为公益是人类共同体的公共利益，是一种价值体系与行为机制的表现，即以实现人类整体幸福为终极价值目标和与之相应的实践行为，反之则是错误的。社会学的角度是大多数学者理解公益本质的一个重要切入点，如社群主义丹尼尔·贝尔指出：“公共利益分为产品形式的公共利益（即各种社会福利）和非产品形式的。非产品形式的社会公共利益有三个特征：首先，这种利益同样地为全体社会成员享有；其次，这种利益一般性地

---

① ［英］弗里德利希·冯：《哈耶克：经济、科学与政治——哈耶克的思想精粹》，冯克利译．江苏人民出版社2000年版，第393页。

② 陈新民：《德国公法学基础理论》，山东人民出版社2001年版，第185页。

有利于许多与之相关的人；最后，它还涉及某些基本的人际原则，如诚实、无私奉献等。”①

由此可以看出，中西方学者主要从范围和功用上来界定公益涵义，即从公益所能覆盖的人群应该代表了大多数人的共同利益，在功能上能够达到提升整个共同体的福利水平和扶助社会弱势群体的结果，是一种体现社会公平正义、人人向善的慈善救助行为。本书主要借鉴了伦理学和社会学领域学者对公益的界定。

（三）公益的综合界定

通过对公益词源追溯和历史上学者对其界定的考察，我们可以看出，公益的准确界定至今仍然有其产生争论、界限模糊的地方，但以下几方面是其所确定包含的基本涵义。

公益是与私利相对的、代表公众的、与公众密切相关的、为公众所公用的利益，受益人是不确定的人群而不是某一特定的利益共同体。这一利益是为公众普遍利益提供公共服务，是公众所追求和向往的。公益提供者的出发点是利他主义，是基于对共同体公共善的美好愿望，因此，提供者对所提供的公益服务无垄断权。公益具有非营利性、非政府性、非强制性和社会性的特征。

非营利性即公益不是为某一团体或某一个人的现实利益，而是以社会最大多数人的需要为出发点，提供各种所需的服务，促进社会进步与发展。公益实践过程不是通过营利积累财富或实现利润用于个人的消费。因此，公益提供者不能从中谋取好处。

非政府性是指公益是一种民间性的活动，不是政府的组成部分，也不受制于政府，不会因为政府的干预而改变公益参与者的理念。它是由公民自发组建、独立于政府体系、有自身运作理念和运作机制的社会自组织系统。《中华人民共和国公益事业捐赠法》第一章第二条规定：“自然人、法人或其他组织自愿无偿依法成立的公益社会性社会团体和社会公益性非营利的事业单位捐赠财产，用于公益事业的，适用本法。”由此可以看出，公益是属于非政府组织的，是自愿

---

① ［美］丹尼尔·贝尔：《社群主义及其批评者》，李琨译，生活·读书·新知三联书店2002年版，第56页。

的、无偿的。

二、公益伦理精神的概念界定

通过对“公益”的词源挖掘以及内涵的考察，我们可以对“公益伦理精神”做出如下界定：公益伦理精神是公益主体从关怀和利他意识出发，对人类社会发展过程中共同关注的问题、对社会特殊群体关怀和扶助而进行实践的过程中所展现的心理态度、价值观念和人格品质，体现人在超越个体私利的理性精神升华，展现个人对社会的责任担当，是人的物质属性、精神属性和社会属性的统一。

为了更好地理解公益伦理精神，我们还需要把握以下几点。

第一，公益伦理精神体现的是人的主体性的理性精神。

马克思说：追求利益是人类一切社会活动的根本动因，“人们奋斗所争取的一切，都同他们的利益有关”①；公益伦理精神体现了人在社会化的过程中，主体意识的觉醒，产生不断地摆脱利益对人的异化的精神需求，理性地看待个人与社会的辩证统一关系，充分地认识到个人与社会是一个共同体，社会价值的实现也是个人价值实现的必要条件，是个人利益实现的充分保障，因此，公益伦理精神实际上是人的感性认识基础之上的理性认识，展现的是一种理性精神指引下的价值观。公益伦理精神实现了个人与他人、个人与社会的整合，为我们社会生活领域提供了全新的价值取向，从而更广泛地调动社会成员参与社会公益事业的积极性和创造性，追求社会公共利益最大化，引导人们看到他人的存在和利益、人类未来的存在和人类长远的利益，正像托克维尔在《论美国的民主》一书中所论及的那样，公益伦理精神，即为社会或社区服务的精神，是美国乡镇生活的一个显著特征。具体而言，公益伦理精神于个人，一般表现为帮助人；大至于州和国家，则表现为对本州的关注热爱以及强烈的爱国情结。②

第二，公益伦理精神体现了公益主体对人类共同体的一种社会责任感。

---

① 《马克思恩格斯全集》（第1卷），人民出版社1956年版，第82页。

② 张大军：《掠过真实的美利坚：骑车横跨美国散记》，三联书店2003年版，第224页。

社会责任感是一定社会生活中，为了维护社会生活秩序，全体社会成员应当对社会和他人负责的一些最基本的公共生活准则。人的个人利益和价值的实现是建立在社会利益实现的基础之上。马克思指出：“人类的天性本来就是这样的：人们只有为同时代人的完美、为他们的幸福而工作，才能使自己也达到完美。”① 梁启超《新民说》指出：“所谓公德者，就其本体言之，谓一团体中人公共之德性也；就其构成此本体之作用言之，谓个人对于本团体公共观念所发之德性也。”“公德之大目的，即在利群，而万千条理即由是生焉。本论以后各子目，殆皆可以‘利’二字为纲，一以贯之者也。”② 公益伦理精神并非是压制个人利益的实现或一味牺牲自我的集体主义观，而是倡导一种尊重个人的主体地位基础上，自觉承担社会责任，实现个人价值与社会价值的统一。

第三，公益伦理精神体现的是一种积极参与的奉献精神。

亚里士多德认为，“人是生活在一个群体中的群居动物。”海德格尔曾经说过“人的世界是共同世界，人在世界中就是与他人共同存在”③。公益伦理精神体现了人的最基本的属性即社会属性，人的价值的实现只有在与他人的交往，在不断地社会化的过程中才能展现并得到认可，所以个人不仅依靠他人来满足自己的物质上的需要，也必须依靠他人来获得赞同、尊敬和爱，从而满足精神上的需要。公益伦理精神体现了人们通过积极参与公共生活的途径实现自身的价值需要。

（二）公益伦理精神的基本特性

1. 公共性

共性存在于个性之中，人与人之间不仅存在差异性，而且具有共同性。人类的生存和发展离不开社会的公共性，社会分工是人类社会历史形态更替的根本动力，社会分工同时也使人生活在不同的领域。为了生活，不同领域的人类必须通过交往、合作才能生存，个人不断地追求实现自己的利益，但是实现利

---

① 《马克思恩格斯全集》（第 40 卷），人民出版社 1965 年版，第 167 页。
② 《梁启超全集》（第二册），北京出版社 1999 年版，第 714、612 页。
③ 海德格尔：《存在与时间》，陈嘉映等译，三联书店 1987 年版，第 146 页。

益的实践活动往往是在和他人的互动中进行的，个人的生存和发展离不开社会的存在和发展，人的活动既是个人的活动又是社会的活动。公益伦理精神产生于人类社会人与人之间不断交往的过程中，是人的社会属性、精神属性和物质属性共同作用的产物。

人的社会属性是形成公益伦理精神公共性特征的根本原因。马克思指出："人不是单个的抽象物的存在，在其现实性上，它是一切社会关系的总和。"公益伦理精神是人类社会不断进步，社会文明程度不断提高，社会分工不断细化的产物。公益伦理精神产生的前提是人与人之间形成的相互关系。没有人们之间的相互交往，没有在交往中凸显的人的实践需要，没有人们对生活的公共领域的越来越强烈的依赖性，公益伦理精神不可能产生。公益伦理精神的价值宗旨是实现人类共同体的共同善。公益伦理精神是为了更好地改善弱势群体的生活状况，是为了实现人类的更高层次的公平与正义，使人类达到真正的共同富裕，产生了利益实现的共有性。同时，人们生活中的公共领域的公共利益实现最大化宗旨，人类的共同生活更加美好的愿望，都赋予了公益伦理精神公共性的特征。

人的物质属性赋予了公益伦理精神的公共性特征的主要原因。公共性成为公益伦理精神的基本特征还源于人类资本的公共性，公益伦理精神是人的意识的一部分，而人的意识则是人的物质所决定的，人类在原始初期的公共性是由于当时生产力的低下，简单而又直接的生产关系形成了人类原始的公共性，但这样的公共性随着人类社会的发展，生产力的提高，私有制的产生，这样的原始公共性形态被瓦解。新的公共性的样式存在于私有制产生，新的生产关系形成，符合生产力的发展需求，在这样的过程中产生的资本凸显了显著的公共性特征。针对这样的情况，马克思指出："资本是集体的产物，它只有通过社会许多成员的共同活动，而且归根到底只有通过社会全体成员的共同活动，才能运动起来。"因此，资本不是一种个人力量，而是一种社会力量。公益伦理精神中公共资本的公共拥有性赋予了公益伦理精神公共性的基本特征。

公益伦理精神是人类精神属性的产物。人所具备的精神属性使人和动物之间有着根本的区别。人的精神属性使人创造了语言，语言使不同的人与人之间，不同的地区之间有了交流。为了使人与人之间排他性的利己主义不至于影响到人的生存和发展，人创造了社会秩序，化解了人与人之间由于利己主义而产生的矛盾，使人类能够在一定的社会规范中不断进步。正是人类的精神属性创造了维持人类可持续发展的社会规范，同时也使人类的公共领域得以产生、存在和发展，因此，人的精神属性使公益伦理精神具备了公共性的特征。

2. 时代性

人的精神属性的时代特征是精神存在的现实表现。人类历史上的每一个人、每一个时代的精神都折射出它的时代特征，是一个历史时代的社会精神、共同意志的具体表现。精神的时代性是人类历史在每一个人身上留下的烙印。公益伦理精神的时代性是人类在每一个历史时期对待公共利益的心理态度、价值观念和人格特征。

公益伦理精神的时代性特征体现于人类不同的历史阶段，受经济、政治、文化等因素的影响而体现出对公共利益的不同的思想。公益伦理精神的产生和形成来源于人类在历史长河中的公益实践活动，在公益实践活动中，人们对公共利益的公益认知、公益情感和实践意识的统一，形成每一个时代的公益伦理精神。在人类的初始时期，因为人类自身条件限制、生产力水平低下、文化的贫瘠使人类处于最原始的共同生活的状态。这一时期的公益伦理精神表现为一种自发的、本能性的和基于同质性的对公共利益的认同。随着社会分工的产生，生产力水平的提高，私有制产生，人类出现了阶级和阶级对立，西方出现了古希腊时期的城邦公益伦理精神、中世纪时期基督教的公益伦理精神、近代资产阶级己他关系相互促进的公益伦理精神等。每一个历史时期的公益伦理精神都受当时的经济、政治、文化的影响，具备了特定的时代特征。中国社会在两千多年的封建专制统治中，公益伦理精神就受到当时的封建专制制度和封建文化的影响，形成的儒墨道“仁爱”“兼爱”“泛爱”的公益伦理精神，佛教的“慈悲精神”，无一不是打上了时代的印记。

公益伦理精神的时代性体现在与时代精神的契合。“时代精神是一个社会在最新的创造性实践中激发出来的，反映社会进步的发展方向，引领时代进步潮流，为社会成员普遍认同和接受的思想观念、价值取向、道德规范和行为方式，是一个社会最新的精神气质、精神风貌和社会风尚的综合体现。”① 公益伦理精神是时代精神的重要组成部分，同时也是重要的表现形式，体现着公民的社会责任意识，是现代文明程度的重要标志，是新形势下推进精神文明建设的有效途径。

3. 超越性

人的精神一旦生成，不可能固守一隅，而是随着个人知识的增长、活动的丰富和价值意识的形成不断超越，超越自我精神的原有状态而不断达到新的水平，就其具体体现来说，就是观念的更新。人必须在不断地否定自我中实现自我更新，更新了的自我就是精神的超越。一个人精神超越的能力，在本质上规定着这个人的人格类型。任何不敢否定自我的人，在精神发展的意义上就是拒绝超越，这就是精神保守、落后的表现。② 当然，精神的超越也是有现实基础的，受客观条件的制约，如同精神的产生是物质世界演化的结果一样，精神的超越是人们认识和把握客观现实后的慎重抉择。公益伦理精神在形成的过程中也是出于一种不断形成，不断否定、更新，又不断地形成这样的否定之否定的过程中。中国公益伦理精神的形成就曾经在计划经济条件下，从保守、落后的自上而下的慈善救助单一的形式中形成，人民缺乏参加公益活动的积极性，更体现不出在公益伦理精神上的积极向上的风格。随着改革开放，市场经济的深入发展，人的主体性得到充分发挥，公益实践活动日益多样化，不仅体现在对弱势群体的慈善救助，公益实践活动的空间拓展到环境、卫生、教育等，公益的实践方式从单纯的慈善救助到志愿服务、微公益、公益博客等多种形式，为当代中国公益伦理精神的形成注入了新的血液。所以，公益伦理精神的超越性，主要源于人在公益活动中追求和探索，指向人在公益活动中的理想和信念，是对公共利益在未来发展的向往与追求。

---

① 李克强、王沪宁等：《党的十六届四中全会（决定）学习辅导百问》，学习出版社 2004 年版，第 183 页。

② M. L. Buley – Meissner, M. M. Thompson, E. B. Tan, *The Academy and the Possibility of Belief: Essays on Intellectual and Spiritual Life*. New Jersey: Hampton Press, Inc., 2000. p. 134.

三、公益伦理精神及相关概念辨析

第一，公益伦理精神与公共精神。

公益伦理精神是以利他主义为出发点，志愿、奉献、友善帮助社会上特定的弱势群体和关注人类发展中与每个人息息相关的环境、卫生、教育等公共问题时的一种心理态度、价值观念和人格品质，在实现公共领域价值最大化，促进社会可持续发展过程中，公益伦理精神体现出更强的道德要求。公共精神是在人类发展进步过程中“类”意识的觉醒和体认，是社会成员在公共生活中对共同生活的理解及居于其中的行为准则、规范、制度等的认可并体现于客观行动上的遵守、执行，是处于公共领域中的具有平等地位的主体，实现公共资源价值的精神文化和价值取向。

公益伦理精神与公共精神之间由于形成载体的一致性和现实基础的契合性，使得两者之间有很多的相似之处，但也存在着区别。公益伦理精神与公共精神都是在公共领域中感性认知上升到理性认识后逐渐孕育形成的精神，是人的社会属性的体现，是人在社会化过程中人的主体性的体现，是一种理性精神，体现了人们对社会化过程中不断扩大的公共生活空间的关注、关怀，体现了一种积极参与社会管理的精神。公共精神更多地体现为一种理性的、利益的价值取向，倾向于利益的实现，以达到利己的根本目的，同时形成利他的客观结果。公共精神中体现了更多的契约关系，即在社会生活中一名合格的社会成员应该承担的社会义务和对社会秩序规范的遵守，这样的契约关系是公共精神体现出更多的理性认知人与人、人与自然和人与社会之间的利益关系。公益伦理精神更多体现了人在处理与社会特定群体关系过程中的认知倾向。如弱势群体，除了理性的认知之外，还有情感和道德上的更深层次的认知。

总之，公共精神是人类理性在不断发展的过程中为了可持续的发展，在理性指引下的一种公共行为的必需品，公益伦理精神更加体现了人的无私奉献的“善”的追求和人的较高层次的道德境界，是以志愿奉献为核心的公共精神的升华，是人的理性和较高道德境界的结合，是人类在公共生活中的道德自觉的展现，致力于实现人类共同体的“最高善”，公益伦理精神的道德要求更甚于对公共精神的道德要求，更加体现人在道德上的内在的、理性的、自觉的要求。

第二，集体主义精神与公益伦理精神。

集体主义体现的是个人与集体之间利益相互冲突时的一种价值选择。个人与集体之间是相互联系不可分割的，个人总是集体中的个人，集体总是由个人组成的集体，离开了个人的集体是不存在的，离开了集体的个人也是不存在的。黑格尔也曾说过，社会与个人的关系，就如同有机体与各分子之间的关系一样，有机体赋予各分子以生命，各分子则赋予有机体以活力。马克思和恩格斯站在社会解放的高度，对集体的意义做出解释，“个人力量（关系）由于社会分工转化为物的力量这一现象，不能靠从头脑里抛开关于这一现象的一般概念的办法来消灭，而只能靠个人重新驾驭这些物的力量并消灭分工的办法来消灭。没有集体，这是不可能实现的。只有在集体中，个人才能获得全面发展其才能的手段，也就是说，只有在集体中才可能有个人自由。”① 因此，可以看出，集体的存在、集体利益的实现是以个人的道德活力、道德主动性等来实现的，而个人的道德生命和道德实践只能借助于集体的摇篮，才可能萌发并生生不息。集体从个人中升华，与个人形成对立统一的辩证关系。集体既制约个人又驱动个人，既超然于个人之上又蕴含于个人之中。社会主义集体主义原则是调节我国当前人们实践生活中个人与他人、个人与社会之间的关系的道德准则，在改善社会良好风气和提高人们的道德品质方面有着至关重要的作用。公益伦理精神与集体主义有着本质上的区别，集体范畴具体化的代表整体或社会的某一集团、阶级或国家，因此集体主义存在着范围的限制，而公益伦理精神中所覆盖的目标则是一个不确定的范围，存在着普适性的特征。由此可以看出，集体主义原则与公益伦理精神最显著的差别在于集体主义原则和公益伦理精神都存在着一种无私奉献的精神，使之发出对所在共同体的关怀和奉献精神，但是集体主义原则与公共精神相比在指向范围上较狭窄，同时更具有选择性。公益伦理精神对所关注的问题体现的是不分利益群体，不分阶级，不分民族、国家等的特性，不具有特指性，更具有无私性。

第三，公益伦理精神与志愿服务精神。

联合国志愿人员组织认为：“志愿精神是指一种在自愿的、不计报酬或收入

① 《马克思恩格斯全集》第3卷，人民出版社1960年版，第84页。

的条件下而参与推动人类发展、促进社会进步和完善社区工作的精神，是公众参与社会生活的一种重要的方式，是个人对生命价值、社会、人类和人生观的一种积极态度。”① 志愿精神是蕴含于志愿行动中的思想内核，是志愿行动在精神层面的高度提炼，为志愿行动提供理论向导并引领和规范志愿行动，志愿精神中体现的是“奉献、友爱、互助、进步”的内涵。公益伦理精神则体现了人们对社会弱势群体及与人类发展密切相关的公共问题上的道德意识、道德心理和道德行为从应然向实然的转变，是内心建构了一定的社会伦理道德的基本价值观念上形成的理性认识和价值升华。

公益伦理精神与志愿服务精神同属于伦理精神，都与人类文明社会的发展进程密切相关，体现着人类文明的发展水平。两者都属于一种自愿的、不为报酬和收入，参与公众社会生活，推动人类发展、促进社会进步的一种积极的生活方式，是个体对生命价值、社会、人类和人生观的一种积极的态度。两者在实践活动的领域都属于公共空间，是一种公共行为，是属于公共精神的性质。这两类精神的形成都是人类在对公共生活实践中的深度认知后形成的一种自觉的公共意识。两者都有自愿、奉献的精神蕴含于其中，是社会进步的象征。但是，公益伦理精神不仅要有志愿奉献的精神，还需要树立长远的、宏伟的目标，有规划、有组织地关注改善人类利益密切相关的环境、卫生、教育等问题，展现了现代化进程中人的公共责任感的追求，致力于推动人类社会发展，关注公共利益，如影响人类发展进步，更倾向于追求实现人类共同体的公共利益的实现。罗国杰教授曾经指出：“个人作为道德行为的主体，同时也就是一个责任主体。责任意识就体现着一个人的人格。”② 公益伦理精神更体现了一种对人类共同体的责任担当意识。志愿精神与公益伦理精神同属于公共精神，是公益伦理精神的一种具体体现，要求人们通过自身的努力，在能力所及的范围内，承担起相应的社会责任，开展一定的志愿奉献行动，体现了一种热心服务于公共事务的服务意识。

因此，志愿精神是构成公益伦理精神的组成部分，是公益伦理精神的具体

① 沈杰：《志愿行动：中国社会的探索与践行》，人民出版社 2009 年版，第 22 页。
② 罗国杰：《伦理学》，人民出版社 1999 年版，第 392 页。

体现，是部分与整体的关系，公益伦理精神中不仅内涵了志愿精神中的所有本质内涵，还是志愿精神的前进方向和目标。

第四，公益与慈善。

公益与慈善都是基于博爱之心或利他之心，自觉、自愿的行动，显然是公益与慈善的共同根基。公益慈善均指向人类改善现状，追求人类社会与地球生态和谐发展的目标，以及个人心灵的愉悦，自我价值的实现和人生境界、意识层次的提升。

公益和慈善同源于对生命及世界的爱，即博爱精神或利他主义，但在行动层面指向两个维度。慈善事业是人们在没有外在压力的情况下自愿地奉献爱心与援助的行为和从事扶弱济贫的一种社会事业。慈善事业的活动对象、范围、标准和项目，由施善者确定。慈善的维度，通常是基于怜悯、同情或不忍之心，致力于帮助因各种原因陷于困境的个体获得正常的生存与发展权利（自然的、受法律保护的，得到社会认可的、受尊重的、健康的、平等的、无障碍的……）。即慈善满足的是个体的私益。慈善的主体同样可以是个人，也可以是组织，受益者可以是人也可以是动物等生命。比如针对个体的疾病救助、物质援助、精神抚慰、赋权增能，等等。公益与此不同，公益是现代社会的概念，是现代社会的产物，内涵了现代社会基本的价值观，比如平等、公正、正义，强调公民参与社会的自我治理。公益的维度，是社会成员基于社会责任感、使命感，在政府力量之外主动谋求公共利益的满足与维护，动员社会资源，优化或重建社会结构与关系，解决或改善社会问题。比如环境保护、生物多样性保护、各种政策倡导、立法推进、文化艺术科学事业发展等。公益的行动主体可以是个人，也可以是组织，有时政府和企业也会参与进来。公益的受益方通常不是特定的个体，所有社会成员都可能从中获益。比如环保工作改善空气、水源质量，无论富人、穷人、动物、植物都会因此受益。公益慈善这两个维度可以相互转化或同时推进，慈善关注于现在，公益关注于未来。当慈善主体从关注个体利益转变为关注整个群体、整个社会的利益时，就必须解决背后的根源——社会问题（通常由文化观念、制度与市场等因素导致），比如通过社会倡导和实际行动推动政策立法的进步，社会文化与观念的改变，这时就转换至公益维度。反之，在推动社会问题的解决时，开始为满足个体利益而行动时，就进入慈善维度。例如资助贫困学生，帮助学生个体完成学业是慈善，但若着手改善当地的产业结构，增加就业机会，带动当地人脱贫致富，或者推动教育资源的重新配置，促进教育权利的公平享有，就上升为公益。无偿帮助一个人戒烟是慈善，但通过政策立法、社会监督推动公共场所禁烟则是公益。给一个老人让座是慈善，呼吁全社会关爱老人等群体，为有需要的人士让座则是公益。一个人捐100元给一个求助者是慈善，呼吁大家积极参与慈善捐助，营造人人互助社会氛围，推动社会观念的改变及法律政策的改进（比如规范捐赠行为，实现公开透明，保护捐赠人与受助者的隐私等则是公益）是公益。慈善更多是施予性质的，是给予，是个人行为，是善心；而公益则更多是共建性质的。慈善的主体是有资源的个人或团体，其内在的慈悲诱发外在的善举，主要模式是有资源的一方向资源匮乏的一方提供帮助，很多时候是以资源单方向流动转移的形式完成的。提供资源的一方无形中成了主导者，在互动形式和心理定位上与受助方是不平等的。公益可以包括慈善，但是字面上公益可以理解为建立有公共利益的事业，强调的是所有参与方的共同利益，也就是说即使有主导者，主导者本身也是受益人群的一部分，不再是单方面的施予。因此所有参与方都平等地参与共建。资源不再是单方向流动转移，而是所有参与者共同创造、建设，因慈而善，为公行益。

公益是致力全局性、宏观性社会问题的发现和解决，维护与平衡公共利益，推动公共政策的推进，促进社会的良性发展。慈善多发自同情怜悯之心，以满足弱势群体的生存与发展需求为导向。一般而言，公益的范围大于慈善，但在一定条件下，慈善可转向公益。当对某个弱势群体的扶助行动上升至国家政策层面时，比如促进相关公共福利政策出台实施，即成为公益。再如，救助动物在个人为慈善，上升至动物保护政策，则为公益。例如在一次水灾中，个人和团体纷纷捐款捐物赈济灾民，这属于慈善行为，若把它组织化、经常化，可成为慈善事业；但是若设立进一步探询灾害根源的研究项目或机构，乃至建立植树造林等计划，这类捐赠则属于公益事业。不论是“慈善”还是“公益”，有一点是共同的，即资金来源主要是私人，包括个人、家族或企业，政府行为不在此列，因为这些均为政府的职责所在。

第二节 公益的历史考察

马克思指出："人的本质实际上是一切社会关系的总和。"① "思想、观念、意识"的生产最初是直接与人们的物质活动，与人们的物质交往，与现实生活的语言交织在一起的。观念、思维、人们的精神交往在这里还是人们物质关系的直接产物。公益作为人类发展过程中物质生产和交往关系的产物，产生于人类社会的产生、形成和发展中，为更好地掌握公益伦理精神的内涵和本质，我们首先有必要对公益伦理精神的相关核心概念和历史发展过程进行深入的考察。

一、公益的起源

第一，公益起源的经济原因。

马克思指出："思想、观念、意识的生产最初是直接与人们的物质活动，与人们的物质交往，与现实生活的语言交织在一起的。观念、思维、人们的精神交往在这里还是人们的物质关系的产物。"② 公益作为一个人类的共同活动，虽然是一个现代性的词汇，但它一直伴随着人类的发展存在于历史长河中。

公益最初源于人类在物质资料的生产过程中人类社会分工的程度和人与人之间的交往程度。人类的原始时期，由于落后的生产方式，难以抵御自然界的挑战，唯有集体生活才能生存。由于生产力水平低下，人们过着食不果腹、衣不蔽体的生活，生存境况极为恶劣，人类只有通过结成氏族这样社会性的组织形式，才能抵御大自然的肆虐。正如马克思所说的："人的依赖关系（起初完全是自然发生的）是最初的社会形态，在这种形态下，人的生产能力只是在狭窄的范围内和孤立的地点上发展着"，"为了在发展过程中脱离动物状态，实现自然界中的最伟大的进步，还需要一种因素'以群的联合力量和集体行动来弥补

---

① 《马克思恩格斯全集》（第 3 卷），人民出版社 1960 年版，第 5 页。

② 《马克思恩格斯全集》（第 3 卷），人民出版社 1960 年版，第 29 页。

个体自卫能力的不足'。"① 落后的生产力和原始的劳动工具使中国古代一直处于自给自足的自然经济时代，贫困人口占绝大多数人，人们只能利用自然而不能改造自然，人与人之间处于一种原始的自然联系和相互间的依赖关系，这种占绝对地位的依赖关系赋予了当时的共同体处于优先的绝对地位，个人只有无条件地服从共同体的利益，而扶贫、救济、赈灾等公益活动均在整个共同体成员的互助中完成，这就是当代公益形成的最初萌芽。随着人类社会分工和私有制的产生，对立的阶级形成。马克思指出："分工和私有制是两个同义语，讲的是同一件事情，一个是就活动而言，另一个是就活动的产品而言。"因此，"随着分工的发展也产生了个人利益或单个家庭的利益与所有互相交往的人们共同利益之间的矛盾，这种共同的利益不是仅仅作为一种'普遍的东西'存在于观念之中，而且首先是作为彼此分工的个人之间的相互依存关系存在于现实之中。"② 社会分工的产生与私有制的形成使人类社会的发展出现社会化活动固定化的趋势，同时社会分工的产物不断地聚合，形成了不受生产者控制、不违背生产者最初愿望，转而成为统治生产者思想和行为的物质力量，统治阶层占有大量的生产资料和权力，出现了严重的贫富差距，所以这一时期的公益主要体现为慈善方式，由国家相关部门和少数比较富有的人群对整个社会中遭受重大灾害和因其他原因而处于弱势的群体实施的救助。

第二，公益起源的政治原因。

中国古代传统社会，专制主义和中央集权造成国家的财富集中于少数统治阶层手中。自秦汉集权体制确立以来，历代统治者都非常注意中央政府对国家权利的集中与控制。全国的权力集中于中央，地方各级政府一律服从中央政府，受中央政府的领导和监督，执行中央政府的法令、政策和命令，形成中央统率地方，地方无条件服从中央的制度。这样的制度下，君主拥有独揽一切至高无上的权力，君主的个人意志决定着天下的一切，臣民的天职被看作仅仅是服从，奉行君主的旨意，封建专制国家里"普天之下，莫非王土，率土之滨，莫非王臣"，君既是封建王朝最高统治者，又是万民之父母，"为民父母，行政不免于

---

① 《马克思恩格斯选集》（第4卷），人民出版社2012年版，第42页。
② 《马克思恩格斯全集》（第3卷），人民出版社1960年版，第37页。

率兽而食人，恶在其为民父母也”①。这样的专制统治之下，个人完全没有自己的权力，公益形成所需的权力与自由都无法得以满足，民间的公益事业仅能依赖于个人的慈善，如“义仓”“义学”“义舍”“义聚”等都是中国古代传统社会民间公益活动。更多的怜贫济弱、力行慈善，成为政府应尽的义务，而且由于所有的土地和人口都为君所有，君对国家的一切财物具有绝对的支配权。所以在救灾或者对社会弱势群体的救济也就完全由政府来承担，政府如果在这个时候发动和依赖民间的救助，则被认为是无能的表现。

第三，公益起源的文化原因。

公益在中国古代社会表现为慈善救济的单一方式，不仅因为自给自足的小农自然经济和高度集权专制统治的政治体制，还与中国源远流长的传统文化有着密切的关联。

儒家思想是中国传统文化的主脉，是为统治阶级服务的主导文化。根据社会发展的需要，“仁”被确立为儒家文化的核心，是当时最基本的社会准则，后来发展成为中华民族以“仁爱”为核心的慈善救济的思想渊源。儒家自孔子开始极力倡导“仁者爱人”的思想，其中虽然有着明显的等级观念，认为“孝悌也者，其为人之本与”②，但是其中还包含着“泛爱众”的思想。据《论语·乡党》载：“厩焚，子退朝。曰：‘伤人乎?’不问马”③ 从孔子对马厩失火一事“不问马”而问“伤人乎”看，孔子的思想中还是包含着对下层和弱者的关怀。到了孟子，更是把这种思想和政治严格整合起来，使之成为一种政治统治理念，认为统治者应该充分顾及下层或者被统治阶级的物质生活和相关伦理，并认为对被统治者的体恤是构成统治稳定的基础。仁爱思想认为“仁”是人先天固有的善德，是人所普遍具有的。“仁”是一种责任，一种义务，更是一种推己及人的利他风尚和助人为善的精神，孟子在孔子的爱有差等性的基础上提出了“老吾老以及人之老，幼吾幼以及人之幼”的思想，更进一步地深化了“仁”的思想，人不仅骨肉之间赡养互助，而且没有血亲关系的人也要和睦相助。儒家思

① 《管子·轻重甲》，中华书局 1962 年版。
② 《论语·学而》。
③ 《论语·乡党》。

想中的民本思想和大同思想也是中国传统社会公益起源。儒家的民本思想提出了“君者，舟也，庶人，水也；水能载舟，水能覆舟”①，提出了亲民、爱民、保民、安民、惠民、贵民的思想，同时为人民创造了“大道之行也，天下为公。选贤与能，讲信修睦，故人不独亲其亲，不独子其子，使老有所终，壮有所用，幼有所长，矜寡孤独废疾者，皆有所养。男有分，女有归。货恶其弃于地也，不必藏于己；力恶其不出于身也，不必为己。是故谋闭而不兴，盗窃乱贼而不作，故外户而不闭，是谓大同”② 的大同世界。儒家思想成为我国自汉代以来统治阶级治理国家的基本思想，深刻影响着中国封建社会统治阶级的治国方略，其中“仁爱”思想为中国公益的起源提供了伦理依据。除此之外，道家提出的“上善若水。水善利万物而不争，居众人之所恶，故几于道。居善地，心善渊，与善仁，言善信，政善治，事善能，动善时。夫唯不争，故无尤”③ 的慈善最高境界，应该像水一样滋养万物而不求回报，损有余而补不足的互助思想，达到至人至善的道德境界。佛教的因缘业报观、慈悲观和善恶功德观等成了中国传统社会慈善思想的源泉。宗教的教义和相关的伦理理念也构成了另一种境界的济世救助思想体系。基督教倡导博爱，把众人都看作上帝面前平等的子民，应该享有共同的物质生活和精神生活。行善和济世被看作对上帝博爱精神的体现，完成上帝交给的使命，实现对上帝的皈依。

总之，儒家“仁爱”“民本”“大同”等思想，特别是民为邦本、仁者爱人的思想，成为历代统治者实行种种惠民政策的文化基础和思想渊源。道家“赏善罚恶，善恶报应”，墨家“兼相爱”，佛教的慈善思想和济世精神等都进入普通中国人的信仰系统，类似“救人一命胜造七级浮屠”的观念成了中国人进行慈善和社会公益行为的强大精神动力，成为促进中国古代传统社会慈善事业发展的思想武器，为当代中国公益事业的形成播下了火种。

二、公益的演变

公益的内容和方式是随着社会生产力的发展和人们对自然规律、社会发展

① 《荀子·王制》。
② 《礼记·礼运篇》。
③ 《老子》第八十章。

规律认识的深化而产生并逐步发展、变化的。公益的发展和演变与社会的变迁有着内在的一致，与当时的政治、经济和社会的发展水平相适应。纵观公益的发展变化，主要体现为以下几个历史阶段：

第一，公益的萌芽阶段。

人类社会的初期是一种大共同体的方式生存。马克思针对此状况说过："我们越往前追溯历史，个人，从而也是生产的个人，就越表现为不独立，从属于一个较大的整体。"① 这样的共同体坚持的是一种整体本位的学说，共同体之下只有臣民没有公民，人缺乏最基本的权利和自由，因而难以产生真正的公益，有的只是公益的萌芽，即共同体成员间的互相帮助。

第二，公益的慈善阶段。

随着社会分工及私有制的产生，社会生产力的不断发展，人类改造自然、控制自然能力的不断提高，这种带有原始互助关系的公益最初形式逐渐退出了历史舞台，公益的发展进入以物质救济为主的慈善阶段。这个阶段从原始社会末期一直持续到封建社会末期。

在这个时期，中国建立起中央高度集权的大一统制度，在这一体制下，公民个人完全没有权利，互助、救济成为习俗被道德和法律所确认，政府主导和民间极少数人参与的慈善事业成为这一时期的主要表现形式。政府的公益行为和救济措施对民间公益事业的发展起到了表率和推动作用。据史籍记载，西周时期中央政府就设立了专门管理救灾事物的官职——地官司徒，规定了十二条救灾政策。秦汉建立统一的国家政权以后，社会救济逐渐成为地方政府的重要社会事务。不仅救助措施比较完备，而且救助政策成为惯例。如赈灾方面，有赈谷、赈钱、赈粥和赈工，仓储方面有"常平仓""社仓""义仓""惠民仓"等。除此之外，宗教传入中国，也为中国的慈善事业做出了很大的贡献，如大多数寺庙在灾荒是承担了济贫和救灾的社会功能。

中国几千年的封建社会，公益基本上都是以慈善救济的方式所呈现的，政府是这一行为的主导者，民间慈善和宗教慈善救助也是其中的构成部分。1949年新中国建立，由于实行高度计划经济体制，国家运用政权力量渗透、控制了

① 《马克思恩格斯全集》（第46卷）上册，人民出版社1979年版，第21页。

包括政治领域、经济领域和社会领域等，形成了高度统合社会的关系模式。国家的强制性原则贯穿于整个社会生活中，形成了“强国家、弱社会”的格局。这样的格局之下，社会公共产品全部由政府提供，救助弱势群体和教育、卫生等公益事业，被认为完全是政府的职能，公益事业基本上是政府统包统办，救济扶贫等都由政府统管，民间慈善事业基本处于空白，人们形成了依赖政府的习惯。因此，政府主导的单一的慈善方式仍然是这一时期的公益表现形式。

第三，公益的组织化、制度化阶段。

20 世纪 80 年代后，中国逐渐放弃原先的计划经济体制，开始实行市场导向的经济体制改革，推行社会主义市场经济，打破了国家对社会经济生活的高度控制。政企分开，民间组织得以产生，大量的个人和组织摆脱了政治权力的束缚，成为非政治的活动主体，中国社会逐渐由单一性走向多样性的历史进程，同时也极大地提高了生产力，社会产生了不同的利益主体，民间组织有了生存的资本和环境。

市场经济转型中，“允许一部分人先富起来”方针的执行，中国“中产阶级”开始形成，为中国现代公益的形成奠定了物质基础，同时国家也为公益活动的开展创造了法律、制度等方面的保障。1993 年由国务院颁布的《中国 21 世纪议程》就明确指出：“公众、团体和组织的参与和参与程度，将决定可持续发展目标实现的进程”；1996 年《国务院关于环境保护若干问题的决定》指出：“建立公众参与机制，发挥社会团体的作用，鼓励公众参与环境保护工作。”这些都为中国的公众参与机制和志愿者行为提供了政策和法律法规依据，公众参与的热情越来越高。公民自由、自主、自治和志愿者服务是逐步培养和觉醒起来。1994 年，中国慈善总会和上海慈善总会在北京和上海成立后，广州、天津、南京等许多城市相继成立了慈善组织和机构，并举办了一批大规模的社会反响较大的慈善项目和工程。到 2002 年底，全国已经成立慈善机构和组织 140 多家。这些公益组织已经建立了严格的制度化规范，并且得到了国家法律法规的认可和保护，具有相应的权利和义务。它的行为有着程序性、规范性和道德性相统一的特点，在接受捐赠的时候体现着现代组织的一切特征。

随着社会各项改革的推进，社会越来越彰显了它的巨大的社会功能，公益也从之前单一的慈善方式逐渐向志愿者、基金会等多样化的方式转化。救助对象的范围逐渐扩大，救助内容也日渐丰富。公益的救助由仅仅解决生存问题走向生存和发展并重，救助的方式也由简单的物质救援增加了医疗、文化和教育支援的内容。

第三节 公益伦理精神的本质和构成要素

一、公益伦理精神的本质和特征

（一）公益伦理精神的本质体现

1. 公平与正义的统一

公平与正义是通过一种不偏不倚的原则，对所有的社会财富进行公正的、有利于人民的、平等的分配，是关于人格修养的道德范畴或执法评价的价值范畴，是即合规律又合目的社会伦理范畴。亚当·斯密说："正义犹如支撑大厦的重要支柱，如果这根柱子松动的话，那么人类社会这个雄伟而巨大的建筑必然会在顷刻之间土崩瓦解。"① 公平正义是衡量一个国家或社会文明发展的标准，是人类文明的标志之一，也是我国构建社会主义和谐社会的重要特征之一。

当前我国市场经济条件下的经济分配，初次分配是通过效率为基础来进行的，即让那些有知识、善于创新并努力工作的人得到更多的劳务报酬，首先富裕起来。初次分配中讲求效率必然带来收入差距的扩大，要缩小收入差距就需要利用再分配的政策措施，包括对高收入者征收各种调节税，对低收入者和贫困地区实行转移支付，如提供社会保险、社会救助和临时性的社会捐助，目的是缩小初次分配中的收入差距。除此之外，还需进行第三次分配，第三次分配要讲社会责任，富人们应当在自愿的基础上拿出自己的部分财富，帮助穷人改善生活、教育和医疗的条件。第三次分配体现的是一种社会文化、道德水准和文明程度，而不是制度的强制约束。第三次分配是公民参与帮助弱者的渴望，和完善自身道德的内在要求。第三次分配的实现情况，与社会经济和文化发展

---

① ［英］亚当·斯密：《道德情操论》，蒋自强等译．商务印书馆 2004 年版。

水平成正比。公益伦理精神中所内含的追求公众共享公共利益，追求共同富裕的目标，弥补了各种正式社会保障制度的缺漏，同时还具备软性的调和社会矛盾和社会冲突，进而提升公民社会责任与社会公德的功能，扮演着积极促进互助友爱、提升文明道德的角色，体现了公平与正义的本质内涵，促使分配上兼顾全体公民的利益，防止过于悬殊的两极分化，是人类道德情感、道德理智以及道德责任的共同驱动下所产生的强大精神力量。

2. 公利与私利的统一

马克思指出"'思想'一旦离开'利益'，就一定会使自己出丑"①。人作为主体性的实践存在，对利益的追求是与生俱来的，同时也是人类得以进步，社会得以发展的动力之一。人的各种社会关系中，利益关系是最根本、最本质的关系，是决定其他一切关系的关系，影响着人们的行动、生活及其人生历程的展开。"人们奋斗所争取的一切，都同他们的利益有关。"② 利益反映的是人与人之间的关系，是人在自己与他人、社会发生关系时所产生的的。公利与私利的关系体现的实际上是个人与社会群体之间的关系。一方面，群体离不开个体，个体是群体的细胞，也是社会的细胞，是人类存在的基本单位，没有个体就没有群体，也就没有人类社会，人类社会的所有群体都是建立在无数个体的基础之上，人类社会的各种群体都是由个体组成的不同层次的人群共同体。另一方面，个体也离不开群体，任何个体都是特定社会、特定人群共同体中的一员，世界上根本不存在不从属于任何人类群体的个人。公益伦理精神中的公利与私利的关系在其本质上是社会与个人、普遍与特殊的关系，是相互依存，对立统一的辩证关系。私利是公利的基础，公利无法脱离私利而存在。公利与私利统一性体现在：公利产生于私利，不能脱离个人利益而存在，其以保障私利为目的，是私利让渡的结果；私利的实现以肯定公利为前提，二者可相互转化。公利与私利的对立性体现在：公利不同于私利，二者有可能发生矛盾冲突，维护公利要适当牺牲个人利益。在处理二者关系时，应坚持公利的相对优越性，建立公利与私利的良性互动关系。这种良性互动关系的建立是公益伦理精神得

---

① 《马克思恩格斯全集》（第 2 卷），人民出版社 1965 年版，第 103 页。
② 《马克思恩格斯全集》（第 1 卷），人民出版社 1965 年版，第 82 页。

以培育的关键所在，我们只有认识到公利中包含着我们的私利，才能做出让渡，建构一种和谐的共生共存之路。公益伦理精神体现了公利与私利真正的合二为一，实现了私利是公利的源泉，公利是私利的基础，两者不是对立的异化的关系，而是相互促进、相互统一的共同利益体。私利与公利自根本上是一致的，两者互为前提，互相依存。公益伦理精神体现了价值取向上公利与私利之间矛盾冲突时的辩证统一的本质。

3. 感性与理性的统一

公益伦理精神的形成是在公益实践的活动中升华而成的，在公益实践活动中，形成对公益感性认识上升到公益理性认识，形成对公益的理想和信念。列宁指出："从生动的直观到抽象的思维，并从抽象的思维到实践，这就是认识真理、认识客观实在的辩证的途径。"① 感性认识是人们的感觉器官直接感受到的关于事物的现象、事物的各个片面，事物的外部联系的认识，是以事物的直接感受性为特点，以事物的现象为内容，是我们认识事物的第一阶段、初级阶段。理性是指人的行为能力，也指人的行为准则，它是主体的思维功能，是思维着的主体对外部存在的观念性的把握。"理性的任务在于知道真理，在于将意味和知觉所应当作一种事物的东西作为概念把它寻找出来，就是说，它要在事务性中仅仅寻找出它自己的意识。"② 理性是人类观念把握对象世界的较高级方式。理性乃是一个既普遍又具体的概念。理性即是生命的内在本质，也是生命自我实现的理想状态。人的本质的自我实现，既不是表现为理性转化、点化感性生命，也不是表现为以感性生命对抗理性，而是表现为以理性转化、点化感性生命，以求达到知与行、理与情、理性与理想、真理与价值的完美统一。理性认识是人们借助抽象思维所把握到的关于事物的本质、事物的全体，事物的内部联系的认识。它以抽象性、间接性为特点，以事物的本质为内容，是认识的第二阶段、高级阶段。公益伦理精神的形成需要人们在面对公益与私益的矛盾冲突时，能够在人的感性认识的基础上，辩证统一地看待公益与私益之间的关系，

---

① 《列宁全集》(第 38 卷)，中文第 1 版，第 181 页。

② [德] 黑格尔:《精神现象学》(上)，贺麟、王玖兴译，商务印书馆 1979 年版，第 161 页。

所以公益伦理精神中体现了感性认识与理性认识相互统一的本质所在。

4. 权利与责任的统一

马克思指出："作为确定的人，现实的人，你就有规定，就有使命，就有任务，至于你是否意识到这一点，那是无所谓的。这个任务是由于你的需要及其现存世界的联系产生的。"① 公益伦理精神中所指向的弱势群体、教育、卫生、环境等公众所关注的问题，都是每一个社会成员，包含对社会贡献较少的弱势群体应该共同享有的资源的权利，在公益伦理精神实践的活动中，公益主体与受益客体有权选择作为或不作为的方式。而每一个社会成员对于公共资源及弱势群体，都应担负相应的责任。所以，公益伦理精神中体现了对公共资源的权利与责任的统一。责任指主体在特定社会关系中对特定任务与职责的自由确认和自觉服从，是主体与人、社会、自然及未来之间的纽带。在此分析的基础上，责任实际上就是由一个人的资格（作为人的资格或作为角色的资格）和能力所赋予，并与此主体作为社会成员在处理与社会关系中，对应担负职责的确认和服从。

公益伦理精神中内涵的责任意识体现了人们对自身、他人、社会、自然及未来的一种自觉意识的义务，作为一个致力于追求公平公正的社会，赋予每一个社会成员平等的地位是前提所在。公益伦理精神中的权利主要包含了每个社会成员都有自主选择的权利，同时还应该有获得平等对待的权利。每一个社会成员都有自主选择利用公共资源的权利，只有获得这样的保障，才能有与之相对应的责任存在。就如所有的社会成员都应该享有得到公平享有教育资源的权利，有生活在一个不受污染的环境中，有决定自己去行善、做公益的权利等，不会以对社会的贡献多少而被剥削其享有公共资源和得到平等对待的权利。责任是权利的孪生兄弟，每一个社会成员在得到平等的共同享用公共资源，得到社会救助和保障的权利的同时，由此而产生了相应的责任。公益伦理精神中的责任是人们在公共生活中的基本义务基础上升华而形成。责任与义务的唯一区别，就在于义务偏重于强调外在的客观要求，责任偏重于强调把这种外在的客观要求，内化为主体的主观道德自觉意识。义务是责任的外在形式，责任是自

① 《马克思恩格斯全集》（第3卷），人民出版社1960年版，第329页。

觉意识到的义务。因此，公益主体一旦将公益义务升华为内心的公益责任感，针对公共生活义务的那种似乎压抑人、束缚人的力量，就转变为人们行善的巨大推动力，公共生活中所承担的义务就不但不是人们公益行动的枷锁，而是人的德性形成的前提条件。这时公益义务同公益理性联系起来，成为人们积极向善的价值导向目标；公益义务同人们在公共生活过程中的公共选择联系起来，成为人们进行善恶选择的行为根据；公益义务还同人们公共生活中的公共价值评价联系起来，与良心一起，共同组成人们评价自我行为善恶的内在评价机制；公益义务指导着人的公益行为，成为调节人的公益生活的基本手段。

对于权利与责任的关系，马克思指出："(1) 每个人只有作为另一个人的手段才能达到自己的目的；(2) 每个人只有作为自我目的（自为的存在）才能成为另一个人的手段（为他的存在）；(3) 每一个人是手段的同时又是目的，而且只有成为手段才能达到自己的目的，只有把自己当作自我目的才能成为手段，也就是说，每个人只有把自己当作自为的存在才把自己变成他的存在，而他人只有把自己当作自为的存在才把自己变成为前一个人的存在，——这种相互关联是一个必然的事实，它作为交换的自然条件是交换的前提。"① 公益伦理精神中体现了人在社会化过程实践中所涉及的道德权利和道德责任的内在统一性的关系，既具有了人之为人的权利，也相应地为此承担了责任，两者是相互依赖，相互统一的。权利是义务形成的保证。权利实质上就是一定的社会角色所具有的，与责任相匹配的可行使的权力和可享受的利益，也可以说是人们的正当要求和享有的利益。它表现为人有权作出或不作出一定的行为或要求他人作出相应的行为。罗国杰教授指出："个人作为道德行为的主体，同时也就是一个责任主体。责任意识就体现一个人的人格。"② 万俊人教授认为："承诺社会责任、伸张和维护社会道义，是志愿服务工作的伦理本质。"③ 公益伦理精神中涵盖着公民对社会责任的主动担当，塑造公民完善的个人人格，公民通过承担关怀弱者、改善公共环境等的责任，增进社会的共同福祉。总之，公益伦理精神就是

---

① 《马克思恩格斯全集》（第 30 卷），人民出版社 1995 年版，第 198 页。

② 罗国杰：《伦理学》，人民出版社 1999 年版，第 392 页。

③ 万俊人：《现代公共伦理建构的视角看志愿服务工作》，人民网，http：//society. people. com. cn/GB/8217/195425/11975680. html，2010—6—25.

人们通过公益实践，对个人在公共生活中的义务从一种外在力量的强制转化为个人自身的一种自觉自愿的奉献与付出，所以，公益伦理精神中体现的是人们将个人对社会的义务转化为自身应尽的义务。

二、公益伦理精神的主体界定

公益伦理精神的主体就是公益行为的主体，也就是从事公益活动的人。我国《基金会管理条例》第二条中规定了公益慈善活动的实践者是存在于社会的自然人、具有民事权利能力的法人和其他各种组织。这些实践者自愿地、无偿地开展扶助社会弱势群体、赈灾济困及其他各种公益事业活动。由此，公益伦理精神的主体包含了个体主体和组织主体。

公益伦理精神个体主体指存在于社会的自然人，即所有关注和实践人类社会发展问题、自愿关怀和扶助社会特殊群体、热心于公益事业的个人。这些个人不分国籍、地位、身份、性别等，既包含了存在于社会的自然人，也包含了民事权利能力的法人。公益伦理精神组织主体指参与公益活动的公益组织。公益组织具体的划分可从广义和狭义来进行区分。从广义上来说是指一切参与到公益活动的组织或团体。狭义上则是指公益性社会团体，但不包括公益性的非营利的事业单位。本书主要指狭义的公益组织。这些公益组织是以公益慈善为目的，利用社会捐助的慈善资源为特定人群提供无偿服务的公益性、非营利性社会组织，包括主要从事公益事业的社会团体、基金会、志愿者组织等。当前中国的公益组织主要分为两大类。第一类是官方认可的公益组织，称为“法定组织”，即在民政部门登记注册的民间组织。这一法定组织又包括两种类型：其一是依照我国《社会团体登记管理条例》注册登记并获得社会团体法人资格的社会团体。① 这些组织包括慈善会、协会、联合会等；其二是依《基金会管理办法》注册登记并获得社会团体法人资格的基金会。② 第二类公益组织是未在民政部门登记注册但符合公益组织定义的组织，即属于民间自发组建，因各种

---

① 《社会团体登记条例》（1998 年 10 月 25 日颁布实施）第一章第二条将社会团体定义为：中国公民自愿组成，为实现会员共同意愿，按照其章程开展活动的非营利性社会组织。

② 《基金会管理办法》（2007 年 6 月 1 日起施行）将基金会定义为：对国内外社会团体和其他组织以及个人自愿捐赠资金进行管理的民间非营利性组织，是社会团体法人。

原因不能在民政部门获得法人资格的所谓“草根组织”。它们有的在工商部门登记获得法人资格，有些根本没有独立的法人地位，挂靠其他单位存在，但它们独立开展着非营利、公益性的活动。

公益组织属于非营利组织，存在的目的是扶助贫、病、老、幼等社会弱势群体，为社会公众服务，改善人类生活环境，推动社会进步，缩小贫富差距，维护公益价值体系等。公益组织运转的资金来源于社会捐助和部分服务非营利收费，受到社会公众和政府监督。公益组织与国家公共服务的事业单位有着根本的区别。公共事业单位是国家为了公益的目的，由国家机关或受政府委托的人民团体等组织作为举办主体。公益慈善组织是社会为了慈善目的，由个人、企业或者社会团体作为举办主体。公共事业单位的资源来自国家机关，一般由国家财政支出。公益组织的资源来源于民间资助。公益组织需由国家民政部门进行登记认定，而国家公共事业单位则由国家编制委员会认可。由此可以看出，公益组织与国家公共服务的职能部门虽然在实践中或有交叉重合的地方，但却是完全不同性质的机构。

公益伦理精神主体的准确界定是公益伦理精神培育的根本前提，是公益伦理精神培育的目标和方向。我们只有准确地界定公益伦理精神的主体，才能在培育过程中正确选择培育对象，并根据对象不同采取不同的途径和方法，使培育过程更有针对性和实效性，最终实现培育目标。

第二章

公益伦理精神的思想渊源

公益思想是伴随着人类产生，社会发展的历史过程之中，古今中外的中西方思想家们都对公益伦理精神的相关思想进行了深入的思考和研究，形成了各具特色的不同流派的观点，在对先哲公益伦理精神相关思想考察的基础上，查找相关的理论依据，对培育当代中国公益思想有方向性的指导意义。

第一节　中国传统公益思想

中国几千年封建专制下的公益伦理精神与西方公益思想完全不同。中国几千年的封建专制下权利和经济高度集中以及以儒释道为主的传统文化思想成为中国古代公益思想形成的根基，形成封建专制下权利和经济高度集中，使得中国古代的公益基本上都是自上而下的政府慈善行为。因而，中国古代公益思想的研究主要从儒释道传统文化思想进行分析。

一、儒家的公益思想

儒家理论思想中以“仁”为核心的终极关怀思想，体现了对公益慈善的关注和诠释。“仁”是儒家思想的核心，爱则是“仁”的发端和表现形式，《论语·学而》载：“君子务本，本立而道生，孝弟也者，其为仁之本与。”[①] 又载：“子曰：‘弟子入则孝，出则弟，谨而信，泛爱众而亲仁……’”，不仅爱自己，

① 《论语·学而》。

爱亲人，还要爱更多的不认识的人。忠恕之道则是行使爱的根本途径，体现的是推己及人的精神。通过忠恕之道，尊重、关心、爱护别人，对于需要帮助的人更要用忠恕之道来实现其公益慈善的精神。儒家思想是以仁为核心、立国安邦、均贫富，最终实现大同社会为理想目标的人本主义思想体系，这其中内涵了丰富的公益思想。

孔子认为理想的社会应该是老有所终，壮有所用，幼有所长，矜寡孤独废疾者皆有所养的大同社会。这样的社会里财富共同享有，讲求诚信，和睦共处。孔子在设想大同社会时对弟子冉求和子路说："闻有国有家者，不患寡而患不均，不患贫而患不安。盖均无贫，和无寡，安无倾。"① 孔子针对春秋末期社会动荡和贫富分化，主张首先应当保持内部的稳定。他认为不论是治国还是管家，不应忧虑物质的匮乏而应忧虑物质财富的分配不公，不应忧虑社会的贫穷而应忧虑社会的不安定，只要分配得公正就没有贫穷，社会和谐后就没有匮乏，安定了就不会垮台。这种均贫富观点已经含有救助贫饥者、减小贫富差距的慈善思想的萌芽，期待通过济贫困、助危困慈善活动等途径构筑大同社会。孟子继承了孔子的"仁"的思想，认为人皆有"恻隐之心""不忍人之心"，因而"乡井同田，出入相友，守望相助，疾病相扶持，则百姓亲睦"。②

孔子的"仁"的思想沿袭到汉朝时期，在董仲舒的"天人合一"论下，进一步丰富和发展。这一时期的公益思想也展现了更新的特点。董仲舒继承了孔孟的"仁"的思想，同时从神学宇宙论的高度论证道德纲常的本源，提出"仁"的思想是上天的意志。这一思想指出人应该遵循上天的意志，无私地对他人进行帮助，而且只有这样才能使"老者安之，朋友信之，少者怀之"③。宋朝儒学家张载、程颢、程颐等进一步丰富了儒家思想中的公益思想。张载指出"以爱己之心爱人尽仁"，每个人的爱心应该尽量地惠及更多的人身上；"大仁所有，盖必以天下为度"④，要以爱自己的心来爱别人，视别人犹如视己，把别人的父母兄弟当作自己的父母兄弟来进行爱戴，形成了博施济众的公益思想。宋

① 《论语》，古籍出版社 2011 年版，第 18 页。

② 《孟子·滕文公上》。

③ 《论语》，古籍出版社 2011 年版，第 18 页。

④ 《张子正蒙注》（卷四．中正篇），古籍出版社 2011 年版，第 21 页。

以后的儒家进一步丰富了儒家传统的社会慈善救助思想，王阳明认为，良知即仁心和良心，主张致“视人犹己”之良知，以救助天下之人为己任的泛爱救助思想。他说：“良心之在人心，无间于圣愚，天下古今之所同也。”① 只有致良知，才会“视民之饥溺犹己之饥溺，凡有血气，皆其昆弟赤子之亲，莫不欲安全而教养之，以遂其万物一体之念”②。儒家的这种具有普遍性和利他指向的仁爱思想成为我国封建社会时期慈善公益思想的深厚的理论基础。

儒家思想中以“仁”为核心价值观的理论指导下通过修身、齐家、治国、平天下的道德实践，实现人生境界，从对个人的完善达到实现国家、天下的公共利益实现，造福人类的追求，无一不是体现了儒家公益思想的精神。儒家把修身作为实现其人生价值的第一步，“故士穷不失义，达不离道。穷不失义，故士得已焉；达不离道，故民不失望焉。古之人，得志，泽加于民；不得志，修身见于世。穷则独善其身，达则兼济天下。”“齐家”是儒家道德实践中“修身”后的下一个践履的目标。然而，这里的齐家并非我们常说的个体生存的小家庭，而是中国古代宗法体系下的宗族或家族，体现了儒家思想中以“仁”为指导的道德价值的实现在实践中的初次延伸。所以，“族者何也？族者凑也，聚也。谓恩爱相流凑也，上奏高祖下至玄孙，一家有吉，百家聚之，合而为亲。生相亲爱，死相哀痛，有会聚之首，故谓之族。”③儒家通过《大学》中的道德实践：“大学之道，在明明德，在亲民，在止于至善。……古之欲明明德于天下者，先治其国；欲治其国者，先齐其家；欲齐其家者，先修其身；欲修其身者，先正其心；欲正其心者，先诚其意；欲诚其意者，先致其知；致知在格物。物格而后知至，知至而后意诚，意诚而后心正，心正而后身修，身修而后家齐，家齐而后国治，国治而后天下平。自天子以至而后庶人，壹是皆以修身为本”，最终达成修身、齐家、治国、平天下，造福他人，造福人类社会，因而，儒家要求在利益选择上，应以国家的、集体的、公共的、整个大家族的利益为价值选择标准，寻求人格上的塑造，形成对公共利益的实现。

---

① 《传习录·答聂文蔚》。
② 《传习录·答顾东桥书》。
③ 《白虎通》卷八。

儒家思想引领着中国古代的自上而下的慈善活动绵延不断地开展，为中国历代王朝的社会稳定起到了重要的作用。“至汤而不然。夷境而积粟，饥者食之，寒者衣之，不资者振之，天下归汤若流水。此桀之所以失其天下也”，商汤的赈恤饥寒措施是中国古代公益伦理精神形成的发端。商之后的周文王力行仁政，采取了惠民、保民政策，“昔者王之治岐也，……老而无妻曰鳏，老而无夫曰寡，老而无子曰独，幼而无父曰孤。此四者，天下之穷民而无告者。文王发政施仁，必先斯四者”①。大一统封建帝国建立以后，历代皇帝在赈贫恤患方面未尝有所懈怠。两汉时期几乎每两三年便举行一次全国性的赏赐衣食活动，逐渐形成惯例。北宋时期范仲淹于1050年在苏州创建义庄，以十余顷良田每年所得租米供同族人衣食和婚嫁丧葬之用，成为我国封建社会义庄之起点，到南宋嘉熙年间达到三千余亩，成为我国封建社会义庄的起点，自此以后，救助老幼孤寡成为一种制度固定下来，成为中国古代公益慈善的显著特点。

儒家思想中以“仁”为核心价值观，以立国安邦为个人奋斗目标，以均贫富减小社会贫富差距，实现社会和谐的思想理论体系，内涵了丰富的公益思想。这一思想引领着中国古代的自上而下的慈善活动绵延不断地开展，为中国历代王朝的社会稳定起到了重要的作用，为中国传统封建社会几千年的慈善公益思想奠定了深厚的理论基础。

二、佛教的公益思想

佛教大约于两汉之际传入中国，魏晋南北朝时期得到进一步发展，唐朝时期达到顶峰。佛教学说中强调欲成圣佛需有胸怀慈悲的友爱之情，还要把慈悲扩大到一切众生。因此，慈悲观、业报轮回说等是佛教的核心思想。这一思想影响着两汉之后人们的生活准则，引领古代民间公益慈善的大众行为，形成特有的佛教公益伦理精神。

慈悲观贯穿了整个佛教的教义之中，是佛教公益思想的精髓。佛教教义中的慈悲观与业报轮回紧密联系，表达了佛教对人生的深切关怀，对广大下层民众的同情，体现了佛教解除众生疾苦的宽广胸怀和利益社会及他人的自我牺牲

① 《孟子·梁惠王下》。

精神。教义中指出人唯有行善才能够有福报，否则就会有恶报。佛教徒必须通过不断修订才能最终达到真正的觉悟，实现“大慈大悲”，即“无缘大慈（无条件、无要求的慈爱）、同体大悲（无时间、无空间的阻碍，悲爱一切人类众生）”，实现最崇高的最宽泛的慈爱与悲悯。慈悲是佛教的根本，一切佛法中都以慈悲为大。大慈大悲者是拥有慈心、慈行、悲心、悲行的，慈心是希望他人得到快乐，慈行是帮助他人得到快乐，悲心是希望他人解除痛苦，悲行是帮助他人解除痛苦。佛教通过这样的心性的培养之后再转化为实际的行动，即布施。布施有财施、法施和无畏施。财施即是我们在金钱财物上帮助他人，使他人免于匮乏困苦；法施即是我们在言语、思想、情感或精神上的帮助、鼓励他人，接触他人的情感、思想之苦。无畏施是菩萨给予众生的无上信心和帮助，使众生免除恐怖和痛苦。通过慈悲心性的训练和培养，转化为布施的道德实践行为。

佛教除了通过慈悲观唤起人们主体性的认识或彻悟世界的本质形成道德上的自觉，还通过因果报应的积善行德说从人的行为规律出发对世人提出积善行德的要求。“已作不失，未作不得”，已作出的言行若还未产生相应的结果，它是不会自行消失的；没有作出某种行为，则不会有相应的结果，虽然这样的结果还需一定的外缘协助，在没有外缘时，结果便不会产生，但引发产生的可能性和力量仍然存在，需在相应的条件下产生出结果来，这就是佛教所说的善有善报、恶有恶报。“罪福相应，如影随形，未有为善不得福，行恶不得殃者。”①普通人是在三世六道沉沦中轮回，因而，人活在世上已是前世的福报，应广施善缘，积善行德，否则将会难以摆脱六道轮回之苦，这样的警醒使得大多数老百姓甚至统治阶层，产生畏惧之心，形成行善积德的道德实践的精神支柱。

总的说来，佛教中的慈悲是一种利他主义，但它强调的是自利利他。佛教认为，要有利他之行，主体自身必须有一定程度的觉悟，才能将此觉悟回向众生，利乐有情。自利才能利人，自觉才能觉他，利人觉他，才能够真正利己，获得自己的彻底解脱。故《净土论》说：“应知由自利故，则能利他，非是不能自利而能利他也。”自利利他是佛教慈悲观的两个不同方面，自利为前提，只有自利才能利他；利他为根本，只有利他才能从根本上自利。上求菩提为自利，

① 《旃檀越国王经》。

下求众生为利他，这就是佛教自利利他的本质所在。佛教教义中的慈悲观、因果轮回说等推动了中国古代下层民众间的广行赈济、养老、救苦等利益大众的慈善公益事业。总的说来，佛教中的慈悲观体现的是一种利他主义的精神，强调把小我融入众生的幸福之中，在对众生的善行中实现自我在道德境界上的超越，众生的完善才是自我的彻底完善，实现自利与利他的统一，两汉之后公益思想的形成很大程度上借鉴了这一思想精髓。

三、道家的公益思想

（一）道家公益思想

道家形成于春秋战国时期，由老子所创始。老子认为，“道”是天地万物的根源和基础，是统领支配天地万物和人类社会的总规律、总法则，他说：“有物混成，先天地生。寂兮寥兮，独立而不改，周行而不殆，可以为天下母。”① 道的本质特性是自然，“人法地，地法天，天法道，道法自然。”② 也就是说，人取法地，地取法天，天取法“道”，而道的法则是自然而然，不假人为。“道法自然”成为老子思想的核心价值，他强调，人类必须遵循事物的本来之性，顺应事物的内在规律和发展趋势。在以“道”为世界本源的前提下，老子提出了道德伦理上的“慈、俭、不争”的道德准则，其中“慈”成了道家公益伦理精神形成的基础。老子提出的“慈”与儒家差等之爱的“仁”有根本的区别。老子强调天地平等地对待天下万物，没有亲疏之别；圣人同样也应当平等地对待每一个人，无所偏爱，无所袒护，不应由于血缘的亲疏或其他因素而对社会成员厚此薄彼或有所区别。可见，“慈”体现了超越血缘和地域、尊重关爱民众的人道主义精神，表达出一种无偏私、无彼此的普遍之爱。《老子》指出“圣人不积，既以为人己愈有，既以与人己愈多”③，强调在社会生活中应广行善事，特别是矜老恤孤，怜悯贫病。只有一心为他人着想，不断给予他人，自己才能增长德性，从而与道结合。道家为了体道和入道，要求每一个人进行身心训练；

---

① 《老子》第二十五章。
② 《老子》第二十五章。
③ 《老子》第八十一章。

把积善行德作为“长生之本”。道家认为“我命由我不由天”，人生的命运掌握在每一个人的手上。若要长寿，必须以善为本，唯善是从。只有以他人的生命和利益为重，解除他人的疾苦，只有广善积德，济物救世，才能使自己的生命得到拯救。才能有利于自己崇尚生命价值的培育，摒弃争名夺利、损害他人生命的行为。

老子还提出“天道无常，常与善人”① 的做人规范，认为每个人都应当遵照“道”的规律，追求向善，做到善待众生，对待善良的人应当以善待之，对待不善的人也应当以善待之，使每一个人都向善，社会才会走向至善。老子批评统治阶级实行“损不足而奉有余”的苛政，导致百姓生活困苦。因此，他提出执政者应当效法自然界，“损有余而补不足”，有道的圣贤之人应当“损有余以奉天下”，富人应当积极行善。老子的这些思想有力地推动当时社会公益慈善事业的发展，构成了道家公益思想的主要部分。

（二）道教公益思想

道教是中国的本土宗教，其中修道积德、慈爱宽容、抱朴守真、少私寡欲、崇俭抑奢等道德主张对当时中国人的精神世界产生了重要的影响，成为道教公益思想的重要组成部分。

道教追求长生不老，但是长生不老需要人在道德上多行善事，互相帮助，才能成仙。积善行德是人们长生成仙的重要途径。摆脱争权夺利、追逐财富，积极帮助别人，多做义事，最终才能使自己的生命价值得以体现。道教提出在积善行德的过程中不应宣扬，不让受助人知道的善事才是真善功。《晋真人语录》说：“若要真行，须要修仁蕴德。济贫拔苦，见人患难，常怀拯救之心，或化诱善人入道修行”；“所为之事，先人后己，与万物无私，乃真行也。”晋代道士许逊所著《净明宗教录》说：“凡得净明法者，务在济物，见他人之父，见他人之母，如我父母。矜老恤孤，怜贫悯病，如病危急，若在己身。”著名道教祖师吕洞宾要求修道者博施济众，扶危济困，多方面救助他人，“或行一善事，以济人之困穷；或出一善言，以解人之怨结；或施一臂力，以扶人之阽危”②。道

① 《老子》（第四十九章），古籍出版社 2008 年版，第 50 页。

② 《吕祖全书》卷二十八。

教著名的“劝人行善”书《太上感应篇》劝导人们应有仁爱慈善的心，救济别人于紧急情况之中，救人于危难之中。《文昌帝君阴骘文》中指出：“措衣食周道路之饥寒，施棺椁免尸骸之暴露。家福提携亲戚，岁饥赈济邻朋。……剪碍道之荆榛，除当途之瓦石。修数百年崎岖之路，造千万人来往之桥。”① 修道者通过博施济众，扶危济困才能行善事，建功德，才能达到长生不老。

东晋著名道士葛洪认为，行善的多少与成仙的品位有直接的关系，人如果要成为“地仙”，必须完成三百件善事；要想做“天仙”，则必须成就一千二百件善事，而且即便做了一千一百九十九件善事，只要做一件恶行，就会前功尽弃，从头来过。长生成仙不仅要内炼丹术，更要外修善德。“欲求长生者，必须积善立功，慈心于物，恕己及人，仁逮昆虫，乐人之吉，愍人之苦，人之急，救人之穷……如此乃为有德，受福于天，所作必成，求仙可冀也”②。施医施药、戒杀放生、代育弃婴等，以此积累功德，这样就会有百神呵护，对自己以及子孙均有福德和善报。道教还主张“祸福无门，唯人自招。善恶之报，如影随形”③。认为有很多神明专门监管人的行为善恶，根据人们所犯过恶的大小、多少来决定其所受的刑罚灾祸；根据其所做的善功而给予相应的福报。道教中的“承负说”，认为任何人的善恶行为不仅会对自身祸福产生影响，而且对后世子孙的祸福也产生影响，祖先的善恶不仅自受其咎，而且子孙也要承受其善恶报应。这不仅促使道教信众抑制恶念恶行、力行善事义举，而且极大地推动了社会大多数成员救穷救急的慈善活动。

总之，道家和道教的劝善、行善的思想是推动当时社会公益慈善事业不断向前发展的重要动力，成为中国传统公益思想的重要组成部分。

第二节　西方公益思想

西方古老的思想中，贯穿着公益慈善的基本精神，经历了一个发展与演变

---

① 《文昌帝君阴骘文》，古籍出版社2003年版，第21页。

② 《抱朴子·内篇》卷六。

③ 《太上感应篇》。

的过程，这个过程包括古希腊罗马时期、中世纪宗教、近代和现代这几个阶段，每个阶段的公益伦理精神都体现出其不同的特征和表现。

一、古希腊时期公益思想

古希腊时期的公益思想主要体现于古希腊公民思想中。在古希腊人民的城邦政治生活中，城邦公民资格的获取，最重要的就是要求公民致力于公共事务，不遗余力地献身于城邦，奋不顾身地为城邦的福祉而努力①，从维护城邦整体的善出发，阐明公民应具备至善、智慧、勇敢、节制、正义等基本的德性，公民把城邦视为一个有机共同体，把城邦的整体利益视为神圣，放在高于一切的位置，赋予城邦绝对的政治、宗教和伦理权威，由此换来对城邦共同体权利的分配。相关的思想主要体现于以柏拉图（Pltan，前427—前347年）、亚里士多德（Aristoteles，前384—前322年）和西塞罗（Marces Tullius Cicero，前106—前43年）的著作和相关的论述中。

柏拉图在其著作《理想国》中指出，治理国家的人既要具有哲学家的天赋，又要经过良好的教育和培养，而达到完全的至善，应当掌握正义本身、善本身、治国的知识，能够照顾到全城邦的公共利益，不能只顾及私人利益。柏拉图把学园连同一块丰饶的地产传承给了他的侄儿，并附了一份契约，规定该产业的经营利润必须用以维持学园和他的弟子和追随者所需。这位侄儿后来又把这份产业传给赫诺克拉特供学园使用。开启了后世公益基金捐赠的先河，只是当时还没有一种永久性的法律安排，以至于每一代人都要单独订约把这份“基金”交给新的主持人。柏拉图是古希腊公益捐赠的最初实践者。他的弟子亚里士多德不仅继承了柏拉图的观点，还在理论上进一步深入研究了公益慈善的实践方式，肯定了公益捐赠，但批评了对个人的“滥加慈善者”，后来西塞罗正是受了他的影响。

亚里士多德指出善与德性与社会发展进步是紧密相连的。一个有着共同利益（善）及其共同追求的共同体，是传统道德赖以存在的基本社会条件。善是一个共同体的共同利益和共同追求，德性则是共同体内部通过道德实践辩证建

① 参见［美］J. 萨托利：《民主新论》，冯克利等译，东方出版社1993年版，第316页。

立起来的，是一个共同体得以存在发展的内在条件。善和德性的教育是构成社会公益事业，推动其发展壮大的基础。城邦领导者应当把所有公民的幸福生活和共同利益作为目标，带领共同体成员进入幸福生活的境界，实现城邦共同体的繁荣和共同利益，亚里士多德主张社会公益事业要以善德教育为基础，以公民的幸福生活和城邦的公共利益为目标，把公民引入幸福生活的境界，促进城邦的共同繁荣和维护其共同利益。“在一切德性之中，慷慨可说为人所钟爱，因为在给予中，可以有助于人。”① 一个好公民的品德应该是谋求整个共同体安全。一个政体的好坏取决于是否符合正义、是否以公共利益为依归、是否以全邦成员共同幸福的实现为政体好坏的标准。

古罗马时期最著名的慈善理论家西塞罗受了亚里士多德的影响，他认为，“没有什么比仁慈和慷慨更能够体现人性中最美好的东西了”②，美德是人世间最美好的事物，没有美德因素的至善是不可以接受的，至善的本身则要求人们与自然本性和谐一致的生活，要求人们选择共同的利益而不是自己的利益。至善是建立在美德基础之上，至善是人与自然本性的和谐，至善的生活应该以城邦的共同利益优先于个体利益，克己奉公。人们要达到至善的生活，做好一个责任公民，应该彼此关爱、彼此付出、互相帮助，遵从自然的旨意，用我们的技能和才智，以及我们的辛勤劳动，使人类社会更紧密的凝结在一起，使人与人之间更加团结友爱，建构和谐的人际关系。相互协作是责任公民的重要素质，互助的劳动技能是满足人们日常需要的关键。西塞罗认为：慈善的“最终根源”，即“自然”为人类所制定的社会与群体的原则。这就是以理性和语言为媒介的公正、平等和善良，它把人们“结合成一种互助互爱的自然联合体”。

西塞罗认为，“即使对陌生人，也应当慷慨地施以那种只是举手之劳而且又利人不损己的恩惠”，实行“任何人都可以借我们的火种”之原则。并遵循这一原则，“经常不断地对公共福利做些贡献”。但因为个人的财力是有限的，而需要救助的人数是无限的，所以，西塞罗多次强调“适度慷慨”说。他还指出：

---

① ［古希腊］亚里士多德：《尼各马可伦理学》，苗力田译．中国社会科学出版社 1999 年版，第 73 页。

② ［古罗马］西塞罗：《西塞罗三论》，徐奕春译．商务印书馆 1998 年版，第 110 页。

“假如人们能按照与自己关系的密切程度对每个人都表现出仁慈，那么社会利益与社会公约就会得到最好的保护。”他主张“一个人的钱袋既不应当捂得太紧，当该慷慨解囊的时候也一毛不拔，也不应当放得太松，什么人都可以从中掏钱”。他反对“胡施滥舍”，如当时盛行的娱乐资助、宴请公众、角斗表演、奢华游戏、野兽格斗等；主张“仗义疏财”，如替友还债、赎回人质以及捐助实用公益项目等。他认为在人类社会中亲疏关系有许多等级：最亲密的是亲属，其次是同一城邦的公民，再次是同语言的希腊人，等等。显然西塞罗赞同意根据社会亲疏关系进行慈善，按小共同体本位的差序格局安排“善意”，“按照社会关系的各种等级提供帮助”。西塞罗提出了他的慈善方式选择理论，“表示善意的方式有两种，一种是服务，一种是送钱。”第一次在公益史上区分了志愿行动和志愿捐助。西塞罗认为送钱特别对富人而言易于做到，因此“服务”更高尚、可贵。在西塞罗看来，个人钱财有限，捐助亦有限，有时在政治上捐钱有“贿买”之嫌，但志愿行动能感召众人参与，其效果是无限的，志愿行动无疑是高尚的。因此，有人称西塞罗为“志愿者理论”的创立者。其次是慈善的对象，“有时惠及整个社会，有时惠及个别公民”，这就是前述的 Philanthropy 与 Charity 之别。西塞罗指出后者更易得到感激，但他仍倾向于前者把钱用于修建城墙、船坞等服务于社会的工程，这样的支出就更加正当。然而，西塞罗也反对捐助修建纯粹象征性的豪华公共建筑，主张的公益项目都是实用性的。此外他还建议重视那些“既有益于国家，又有益于个人的施善形式”，如赎俘和济贫。

二、中世纪时期宗教公益伦理思想

西方中世纪是教会统治的时期，中世纪的公益组织和公益事业都是受当时的教会所影响。公益慈善事业均由教会来开展实施的，其公益思想体现在《圣经》中，西语中“慈善（charity）”一词，现在的辞书中都释为“仁爱”“基督之爱”“为上帝而普爱众生”等，带有浓厚的宗教（基督教）色彩。因此人们把教会公益视为中世纪公益的典型形态。中世纪时期西方公益思想可以从当时占主导地位的基督教教义中去挖掘和研究。

基督教的教义可归纳为两个字：“博爱”（fraterni - ty），基督教的核心思想就是建立在“爱”的基础上的，“爱是无可比的”，“没有爱就算不得什么”，教义中的十条诫命明确指出："你要尽心、尽性、尽意地爱主你的上帝，这是诫命中的第一，且是最大的。其次也相仿，就是要爱人如己。这两条诫命是律法和先知一切道理的总纲。"① 基督教的教义指出，神的恩典是不加区别地赐给全人类的，人是上帝按照自己的样式所创造的，人的灵魂中应当具上帝的形象，应该像上帝爱世人一样的博爱，无差别地爱所有的人，无私地为所有的人谋利益。② 使徒保罗说："既然现在你们有余，那么你们只有帮助那些不足的人才是公平的。"③ 教义鼓励人人像蚂蚁、蜜蜂一样的勤奋工作，创造财富，但不是为了自己过奢华的生活，而是为了帮更多的贫困的、需要帮助的人。财富的使用应是自己实际所必需的，不应该在没有意义的事情上浪费财物。基督教中人是有原罪的，因此人应该博爱，不断地行使善的作为为自己赎罪，获得拯救。每个人都有责任和义务帮助社会上遭受不幸、贫穷的人，而不是出于怜悯、施舍，这只是一种正义的行动，是每个人应该承担的责任。人们应该把给予奉为自己的一种责任，代表上帝向受苦难的人进行给予，同时在教会组织内部进行互助。这种慈善救助的公益伦理精神在统治欧洲上千年的基督教教义中随处可见。基督教还进一步提出了施予神学以及"分享的原则"，号召人们效法基督，鼓励人们积极创造财富，提倡创造财富不是为了奢华的生活，不是为了虚荣心，更不是醉心于积累财富成为财奴，同时大力提倡简朴生活，主张将富余的财物与人分享，提倡财富的使用应以实际需要为准，而不应在没有意义的事情上面大肆挥霍。通过基督教的一系列教义，基督教把人对上帝的爱与普遍地满足人的需要联系起来。《圣经·提摩太前书》说："你要嘱咐那些今世富有的人，叫他们不要心高气傲，也不要寄望在浮动的财富上，却要仰望那厚赐百物给我们享用的神。又要嘱咐他们行善，在善事上富足，慷慨好施。" 18 世纪著名的牧师乔纳森·爱德华兹在《对穷人的慈善责任》中就说："真正的基督徒，绝对要求有这种责任，并按上帝的教诲坚持不懈地履行这种责任……必须对穷人慷慨救助。"④

① ［法］加尔文：《基督教要义》（上册），基督教辅侨出版社 1957 年版，第 216 页。
② ［法］加尔文：《基督教要义》（上册），基督教辅侨出版社 1957 年版，第 343 页。
③ 《马克思恩格斯全集》（第 4 卷），人民出版社 1958 年版，第 466 页。
④ 李华：《西方社会工作与慈善事业》，互联网，2007 年 5 月 27 日。

托马斯·阿奎那认为，基督教的慈善行为与宗教行为是合一的。指出个人与社会之间就如部分和整体之间的关系，部分是从整体中分割出来，是从属于整体的，因而个体的利益作为一种局部利益是从属于整体利益，我们的任何行为都应该以实现共同利益为前提和标准，任何有助于实现正义目标的公共幸福的行为都被认为是正义。只要致力于公共幸福，公民任何有益的行动都是正义的。阿奎那提出了“人天然是社会的和政治的动物，注定比其他一切动物要过更多的合群生活”①。《神学大全》中说道：“正义的目的在于调整人们彼此的关系。这里有两种情况可以考虑。或者是，对别人的关系当作个别的关系。或者是，对别人的关系当作一种普通的关系，即达到这样的程度：凡是某一个社会的公民也受组成该社会的一切人士的支配。这两种情况都牵涉到正义。因为，显而易见，组成社会的一切人士同社会的关系，正如各部分同一个整体的关系一样。部分本身属于整体；因此任何局部利益从属于整体的利益。从这个观点来看，无论就一个人对他自己或就人们之间的关系而言，任何有益的行动和善行都涉及作为正义的目标的公共幸福。按照这个意义来说，只要正义能够导致人们致力于公共幸福，一切德行都可以归入正义的范围。”②

他在《神学大全》中还说：“去探望处于困境中的孤儿寡母，作为要求来说是一种宗教行为，作为动机来说，是一种仁慈行为；保持自我不受世俗的污染，是节制行为或某种相同的美德行为。”基督教是通过对上帝的信仰，通过自我在世俗生活中的博爱善行而赎罪，获得拯救。早期的教会组织提出：“贫困”不是罪恶，需求来自于不幸，社会其他成员对于不幸必须承担义务，这种义务不是怜悯，而是正义的行动，是责任。需求者有权利得到帮助，而那些生活较好的人则有义务提供帮助。他们把给予奉为自己的一种责任，代表上帝向受苦难的人进行给予，同时在教会组织内部进行互助，这种慈善救助的公益伦理精神在统治欧洲上千年的基督教教义中随处可见。纵观基督教的公益慈善历史，宗教公益伦理精神在相当长时期内是西方公益伦理的核心精神，基督博爱精神是中

---

① （意）托马斯·阿奎那著：《阿奎那政治著作选》，马清槐译，商务印书馆 1963 年版，第 44 页。

② （意）托马斯·阿奎那著：《阿奎那政治著作选》，马清槐译，商务印书馆 1963 年版，第 139 页。

世纪宗教公益伦理精神的核心，体现为以对神性的规定来论证扶危救困、慈善、爱的必然性和普遍性，以对人性的规定来论证扶危救困、慈善、爱的必要性和有用性，提出了人性应该达到的道德要求，形成了中世纪独特的以公益组织和教会为中心的公益慈善精神，在之后的发展过程中，基督教自身教义不断修正，神学体系日益精致，基督教公益伦理成为中世纪欧洲最具有代表性的伦理思想，并长期作为西方公益事业的主流价值观之一而影响至今。

三、近现代公益伦理精神思想

文艺复兴运动之后，基督教伦理在现实社会生活中不再占有以前那样的地位，各种新的有关公益研究的流派随着社会发展和自身的逻辑展开而不断地产生出来。文艺复兴中在以人为本、尊重人的价值等思想的影响下，中世纪时期的宗教公益思想发生了转变，形成了西方近现代公益思想中情感主义、功利主义和进化论的公益思想流派。

（一）近代西方公益伦理思想

1. 情感主义公益思想

情感主义也称为“情感直觉主义”或者“道德情感论”，出现于17世纪末18世纪初的英国，由英国的经验论发展而来，也称为“情感直觉主义”或者“道德情感论”。情感主义否认理性在道德中的决定作用，而认为善恶判断，仁爱、同情、怜悯、慈善等利它的情感都源自人性中固有的道德情感，代表人物有沙甫慈伯利、赫起逊、休谟、亚当·斯密。

沙甫慈伯利认为人天生的道德情感并非来自人的理性，而是来自“道德感官”，“道德感官”天生具有辨别善恶的道德感，决定道德上的善恶。他认为，人生来就有的道德感，这是人生而具有的适合于社会群体生活的一种道德品性，这种品性的基本倾向是互助合作的仁爱情感。人的本性是善的，人与人之间的关心、爱护、互助等是人生来就有的道德感。他指出：“各个人的热情或情感中，对于一种族的同类的利益有一固定的关系。在天然情感、慈爱，对于后裔的热忱，对于幼儿增殖和养育的关切，爱群、同情、互济等情形中已有说明。不会有人否定，人的这种趋于种族或同类的情感，对于他们自己来说，其正当与自然，一如动物或植物体中任何器官、肢体之按照生长的已知的途径和规则的方式而活动。”①

赫起逊继承了沙甫慈伯利的主要观点，强调人的本性是仁爱的，不是自私的，认为人的善行之所以有道德价值就在于它真诚的处于仁爱、人道和同情的目的，而不是处于其他利己的动机。他说：“一切事实上是十分有用的行为，假使它们并非出于对他人的和善的用心的话，这也是没有道德之美的。如果一行为处于强烈的仁爱心，那么即使在和善上或促进公共利益上并未达到圆满成功，这也将和出自强烈爱心而能获得最大成功的行为一样令人可爱。”“凡一切行为被认为处于这样的感情，对某些人为仁爱，同时又不危害于他人，这种行为，在道德上便是善的。”② 善的价值量的大小确定的依据则是最大多数人的最大幸福，“德行是善的量与享受的人数的乘积。同样，道德的恶或罪，则视不幸的程度以及受损者之数目而定。所以凡产生最大多数之最大幸福的行为，便是好的行为，反之，便是最坏的行为。”③

休谟同样认为道德源于人的同情的情感，道德是被感觉出来的，而不是被判断出来的。休谟提出了道德不是来自理性，而是来自情感，情感是道德的基础，只有情感才能产生行为，情感是道德形成的基础。人的情感中先天拥有同情、仁慈、怜悯、爱等，人的天性是趋向于追求快乐的。因此，人会自觉地同情他人，关心整个社会的利益，人的公益行为的产生源于人的先天的情感。他指出，“看来很显然，在任何情况下，人类行动的最终目的都决不能通过理性来说明，而完全诉诸人类的情感和感情，毫不依赖于智性能力。”④“人性中任何性质在它的本身和它的结果两方面都最为引人注目的，就是我们所有的同情别人的那种倾向。”⑤“同情是人性中一个很强有力的原则，……它产生了我们对一切人为的德的道德感。”⑥“人都有仁爱的情感，其中那种‘社会的德’，如‘柔顺、慈善、博爱、慷慨、仁厚、温和、公道’等语调普遍地表达着人类本性

---

① 周辅成：《西方伦理学名著选辑》（上卷），商务印书馆 1964 年版，第 763 页。
② 周辅成：《西方伦理学名著选辑》（上卷），商务印书馆 1964 年版，第 801 页。
③ 周辅成：《西方伦理学名著选辑》（上卷），商务印书馆 1964 年版，第 807 页。
④ ［英］休谟：《道德原则研究》，曾小平译，商务印书馆 2001 年版，第 145 页。
⑤ ［英］休谟：《人性论》下册，关文运译，商务印书馆 1980 年版，第 352 页。
⑥ ［英］休谟：《人性论》下册，关文运译，商务印书馆 1980 年版，第 620 页。

所能达到的最高价值，是因为‘没有什么能比卓越程度的仁爱情感赋予任何一个人类被造物以更多的价值，仁爱情感的价值至少一部分来自其促进人类利益和造福人类社会的趋向。’……社会性的德性没有其有益的趋向决不会受到重视，它们也决不能被看作无果实的和无效益的。人类的幸福、社会的秩序、家庭的和睦、朋友间的相互支持，总是被看作这些德性无形地统治人们胸怀的结果。"① "慈善（也就是伴随着爱的那种欲望）是对于所爱的人的幸福的一种欲望和对他的苦难的一种厌恶。"② "怜悯就与慈善关联，……慈善借一种自然的和原始的性质与爱发生联系。"③ 由此看出，休谟认为人的情感是人形成自然美德的基础，人对他人和社会的慈善动机和道德感是人的天性中的同情心、怜悯心、慈爱等先天具有的，是人的本性中自然地指向他人和自己的幸福，并对他人和自己有用的性质，是一种自然美德。

《道德情操论》中亚当·斯密继承和发扬了休谟的观点。亚当·斯密认为人产生扶危救困、慈善的行为，源于一种为了自己幸福的利己情感支配；另一种则是仁慈情感支配下的正义和仁慈，以谋求他人幸福为直接目标。亚当·斯密以人性自私为逻辑起点，阐述了人作为"经济人"的利己性，同时，又以人性的同情为逻辑起点，强调了"道德人"行为的利他性。亚当·斯密认为经济人虽然是以个人私利为出发点，但是在"看不见的手"的指导下，行为结果非但不损人，反而有助于他人，有益于公共利益的实现。

亚当·斯密把人的情感分为自私情感、非社会情感和社会情感三类，社会情感就是道德感，是由人内心情感产生的内在的道德意识，在其著作《道德情操论》中继承和发扬了休谟的观点。亚当·斯密强调："无论人们会认为某人怎样的自私，这个人的天赋中总是明显地存在着这样一些本性，这些本性使他关心别人的命运，把别人的幸福看成自己的事情，虽然他除了看到别人幸福而感到高兴以外，一无所得。这种本性就是怜悯或同情，就是当我们看到或逼真地想象到他人的不幸遭遇时所产生的感情。"④ 亚当·斯密认为人产生扶危救困、

① ［英］休谟：《道德原则研究》，曾小平译，商务印书馆2001年版，第34页。
② ［英］休谟：《人性论》（下册），关文运译．商务印书馆1980年版，第419页。
③ ［英］休谟：《人性论》（下册），关文运译．商务印书馆1980年版，第420页。
④ ［英］亚当·斯密：《道德情操论》，蒋自强译，商务印书馆1997年版，第5页。

慈善的行为，源于两种情感范式：一种是利己情感支配下，以谋求自己幸福为直接目标的谨慎美德；另一个是在仁慈情感的支配下，以谋求他人幸福为直接目标的正义和仁慈。亚当·斯密以人性自私为逻辑起点，阐述了人作为"经济人"的利己性，同时，又以人性的同情为逻辑起点，强调了"道德人"行为的利他性。但亚当·斯密认为，经济人是以个人的私利为出发点，在"看不见的手"的指导下，行为结果非但不损人，反而有助于他人，有益于公共利益的实现。

2. 功利主义公益思想

功利主义又称"功利论"或"功用主义"，通常指以实际功效或者利益作为道德标准的伦理学说。① 功利主义思想主要运用功利原理来阐述公益、慈善行为，代表人物主要有边沁、穆勒。边沁以快乐和痛苦作为支配人们行为的决定性因素。他说："自然把人类置于两位主公——快乐和痛苦——的主宰之下。只有它们才指示我们应当干什么。是非标准，因果联系，俱由其定夺。凡我们所行、所言、所思，无不由其支配：我们所能做的力图挣脱被支配地位的每项努力，都只会昭示和肯定这一点。"② 但我们做每一件事的标准是这样的行为给我们带来的是快乐还是痛苦，道德判断上也同样如此，快乐即是善，痛苦便是恶。快乐和痛苦也有量的不同，而且一件事也会同时带来快乐和痛苦，因此要判断一个行为正当与否，或者在多大程度上是正当的，就要根据其所带来的痛苦与快乐之间进行比较。③ 因此，边沁提出了他的功利原理，"它按照看来势必增大或减小利益有关者之幸福的倾向，来赞成或非难任何一项行动"④。作为对功利原理的补充，边沁又提出了"最大幸福"原理，即"所有利益有关的人的最大幸福，是人类行动的正确适当的目的，而且是唯一正确适当并普遍期望的目的，是所有情况下的人类行动，特别是行使政府权力的官员施政执法的唯一正确适当的目的"⑤。边沁的最大幸福原理并非是集体主义至上或公共利益至上

---

① 朱贻庭：《应用伦理学大辞典》，上海辞书出版社 2002 年版，第 11 页。
② ［英］边沁：《道德与立法原理讨论》，时殷弘译，商务印书馆 2000 年版，第 58 页。
③ ［英］边沁：《道德与立法原理讨论》，时殷弘译．商务印书馆 2000 年版，第 59 页。
④ ［英］边沁：《道德与立法原理讨论》，时殷弘译，商务印书馆 2000 年版，第 59 页。
⑤ ［英］边沁：《道德与立法原理讨论》，时殷弘译，商务印书馆 2000 年版，第 59 页。

理论，仍然是以个人利益作为道德选择的基础。他认为共同体的公共利益与个人利益是一致的，个体的利益构成了公共利益，也就构成了最大多数人的最大幸福。

穆勒继承了边沁的功利主义的基本观点，但在此基础上作了一定的批评和修正，把理性元素加入到快乐的区分之中。他认为快乐有量的变化和质的区分，质即体现为高级和低级区分，低级快乐仅指感官的乐趣，高级快乐则指精神上的追求，主要是理智的、情感的和想象、道德情操的快乐，“做一个不满足的人比做一个满足的猪好；做一个不满足的苏格拉底比做一个傻子好。”① 穆勒指出，人是具备社会感情的高级动物，整个人类达到的社会感情就是“要同人类成为一体的欲望”②，赞成牺牲自己的个人利益为最大多数人谋取利益，这种利他的行为才是真正的美德，是一种高级快乐。这一情感有助于人们消除孤独生活的单纯利己本性而增长利他、互助精神，使“别人的利益，在他那方面，成了自然顾到必定顾到的事情，像人类生活的任何物质上需要一样”③。穆勒认为人在社会交往中，在帮助别人的同时，自己也能获利，只不过是我们不知道而已，“功用主义的道德观确认人类有为别人福利而牺牲自己的最大福利的能力；不过它不肯承认这种牺牲自身就是福利罢了。”④ “功用主义所认为行为上是非标准的幸福并不是行为者一己的幸福，乃是一切与这行为有关的人的幸福。”⑤穆勒与边沁的不同之处在于，穆勒不仅主张个人追求自己的利益，同时也强调最大多数人的最大幸福，而且最大多数人的最大幸福更加重要。最大幸福并非是简单的单个人的利益相加，因而有时需要有限度、有条件地牺牲个人的利益。牺牲条件就是必须能够给最大多数人带来最大幸福才是可取的牺牲，“不能够增加幸福总量或没有增加这个总量的趋势的牺牲，功用主义的道德观认为是白费。人能够为别人的幸福或别人幸福的某些工具而牺牲（别人指人类全体，或人的

---

① ［英］约翰·穆勒：《功用主义》，唐钺译，商务印书馆 1957 年版，第 10 页。
② ［英］约翰·穆勒：《功用主义》，唐钺译，商务印书馆 1957 年版，第 33 页。
③ ［英］约翰·穆勒：《功用主义》，唐钺译，商务印书馆 1957 年版，第 34 页。
④ ［英］约翰·穆勒：《功用主义》，唐钺译，商务印书馆 1957 年版，第 18 页。
⑤ ［英］约翰·穆勒：《功用主义》，唐钺译，商务印书馆 1957 年版，第 18 页。

集团利益所规定范围内的人)，只有这种舍身才可以得到功用道德观的赞美”①，否则就达不到他所提出的功用主义的标准。

3. 进化论公益思想

进化论公益思想主要源于以达尔文、斯宾塞等为代表的以生物进化论观点解释道德起源、性质和功能的自然主义伦理学。用进化的原理解释人的公益慈善、扶危救困、同情等行为是其根本的特征。达尔文指出：“动物具有其先天合群性的社会本能，孤行独居必使动物的进化受到阻碍，甚至濒临灭绝。进化与适应环境的要求使动物产生了群体生活和组成‘社会’的本能（如蜜蜂等）。这种合群性和社会本能，使动物、特别是高级动物形成了某种原初的道德感和道德行为，即相互协助、相互同情、自我牺牲的情感和行为。”② 斯宾塞从进化论的观点研究了物种和环境之间的适应性关系，物种只有与环境之间的适应性越强，这些物种才会越发地发展强大，因而，促进物种适应性的行为就是善的行为。判断行为善恶的标准即是以是否促进适应性增强，也就是是否促进物种的发展和强大为价值标准。他明确指出：“任何有助于后代或个体保存的行为，我们把它视作相对于物种而言的善的行为，反之否然。”③ 人在实践活动中通过激发利他情感、道德感、同情感、共同荣誉感，选择促进整个种族、整个人类的发展就是善的行为。克鲁泡特金认为人能够进步和发展是根源于人的互助，他的观点与达尔文进化论者的观点有着明显的区别，达尔文进化论者认为推动人类社会发展的原因是相互竞争，而克鲁泡特金认为虽然在人的实践活动中，竞争也起到了一定的作用，但互相帮助、互相配合才是推动社会发展最基本、最重要的功能，所以人类才能从部落、氏族公社、行会等慢慢地发展和壮大。他认为：互助是“具有压倒一切的影响力量”④，“除了互争的法则以外，还有互助的法则，而这个发则，……比互争的法则更为重要得多”⑤。

---

① ［英］约翰·穆勒：《功用主义》，唐钺译，商务印书馆 1957 年版，第 18 页。
② 万俊人：《现代西方伦理学史》（上），北京大学出版社 1990 年版，第 110 页。
③ Herbert Spencer. Principles of Ethics（Volume2）. Newyork，1896：4.
④ ［俄］克鲁泡特金：《互助论》，李平沤译，商务印书馆 1963 年版，第 262 页。
⑤ ［俄］克鲁泡特金：《互助论》，李平沤译，商务印书馆 1963 年版，第 9 页。

（二）西方现代公益思想

随着市场经济的发展，现代西方社会发生了巨大变化，人与人之间的交往更加密切，贫富差距加大，公共领域空间多样化影响着人们的生活质量，公益以前所未有的多样化的方式渗透到每个人的生活中，政府也在公益活动中占据了比较重要的角色，越来越发挥出公益的重要作用，许多西方伦理学家从不同的角度研究了公益伦理精神在现代西方的发展中产生的影响和发挥的作用。

1. 新自由主义公益思想

20 世纪 60 年代凯恩斯主义在这一时期备受学者的怀疑和批判，新自由主义应运产生，主要以哈耶克、弗里德曼、罗尔斯等为主要的代表人物。新自由主义倡导市场经济和自由竞争，认为自由是个人不可侵犯的权利，自由竞争才能形成良好的自发秩序，反对国家对经济进行过多的干涉，反对再分配的社会政策。新自由主义者认为公益慈善救助应该由个人去完成，而不是政府的责任，提倡建构"剩余福利国家模式"，推行福利国家紧缩。他指出："国家试图以它认为适量的比例和方式分配收入，实现一种公平的分配，实际上是追求旧的社会主义的新方法。"①"这种特权以牺牲他人利益为条件，因而就必然会减少别人的保障"②；"如果人们在过于绝对的意义上理解保障的话，普遍追求的保障，不但不能增加自由，反而构成了对自由的最严重的威胁"③。哈耶克反对政府对公益慈善事业的干预，应通过收入再分配调节公益福利事业，认为这会导致个人自由的丧失。国家如果通过特权调整分配收入，追求公平，实际是"以牺牲他人利益为条件，因而就必然会减少别人的保障"④，"普遍追求的保障，不但不能增加自由，反而构成了对自由的最严重的威胁"⑤。弗里德曼则认为，个人

① ［英］哈耶克：《自由秩序原理》（下），邓正来译，三联书店 1997 年版，第 49 页。

② ［英］哈耶克：《通往奴役之路》王明毅译，中国社会科学出版社 1997 年版，第 116 页。

③ ［英］哈耶克：《通往奴役之路》王明毅译，中国社会科学出版社 1997 年版，第 120 页。

④ ［英］哈耶克：《通往奴役之路》，王明毅译．中国社会科学出版社 1997 年版，第 116 页。

⑤ ［英］哈耶克：《通往奴役之路》，王明毅译．中国社会科学出版社 1997 年版，第 120 页。

福利、生活满足和幸福都只能从市场购买、交换中来实现和改善，国家应通过非再分配形式体现“公共利益”。

2. 社群主义公益思想

社群主义也称为共同体主义，是在对新自由主义的批判过程中形成的，也称为共同体主义，泰勒、桑德尔、麦金太尔等为主要的代表人物。他们提出与新自由主义完全不同的新的公益伦理思想。社群主义者认为社群高于个人，个人是社群的组成部分。桑德尔指出，社群是个体生存和发展的基础，个人不能离开社群而独自发展，个人的属性和认同都是由生活的社群所决定的，个人不能选择自我，只能发现自我，即社群决定“我是谁”，个体才能选择“我是谁”。麦金太尔批评了新自由主义学家罗尔斯等的观点，指出个体与社群分离开来的个人—社群关系是虚假的。① 泰勒指出个人作为一个自主的主体，只有在社群中才能发展起来。社群构成了一种共同的文化，这种文化是道德自主的前提条件，即形成独立的道德信仰的关系。只能在某种特定的社会文化形态中，个人才有可能形成自我认同。个人的发展需依赖于社群，因为只有生活在同一社群的人们才能建构出共同的文化，而这一文化则是形成每个人道德自主的前提条件，促进个人独立道德信仰的产生。个人自主性和自我认同也需建立在社群的社会文化形态中，离开社群，个人的道德、理性和能力无从谈起，自主性更不会形成。因而，根据这样的逻辑，新自由主义关于个人权利优先于社群的观点则是完全错误的，不符合其逻辑结构的。

社群主义学者认为，个人利益与社群利益是合为一体的，个人一旦离开社群，其个体的价值和利益也无从实现，个人利益中蕴含着社群利益，社群利益中也包含着每个社群成员的利益，与每个社群成员拥有共同的目的和价值目标，个人的善需同社群的善有机结合，相互统一。麦金太尔明确指出，每一个公民想要达到的善与整个社群想要实现的善是统一的。个体与社群相互之间对各自利益的实现不会冲突，因为我们想要追求实现的是整个社群所有成员的共同的善，而不是某一个个体的私人财产，是共同拥有，作为个人的自我的善和社群中其他同胞的善是同一的，我追求我的利益绝不会与他追求他的利益相冲突。

① 刘军宁编：《自由与社群》，三联书店 1998 年版，第 118 页。

因为我们追求的是共同的善，它不是私人财产，不为你或我所特有，而是我们共同拥有，个人与其生活的社群有着利益统一性的特性。因而，在公益慈善上，社群主义者认为，个人的利益需以社群的利益为目标，而个人作为社群成员，社群有义务救助所需要救助的社群成员。

3. “第三条道路”公益思想

“第三条道路”又被称为“中间道路”理论。“第三条道路”理论者认为，国家没有对贫困救助的完全责任，但是也不能完全放弃对公益慈善救助等责任，因而，被称为“第三条路”。他们认为，责任是健全社会的基石，社会行动的目的不是要用社会或国家的行为代替个人责任，而是通过改善社会来促进公民个人自我完善的实现。与此相应，作为个人，所有的人都要积极回报社会的关爱，为社会和他人承担义务，真正实现基于现代意义的社会公正——“有予有取”，即机会、权利共享，风险、义务共担。① 这一思想流派的学者认为一个社会需要两个最基本的平衡，市场自由和国家干预之间的平衡，个人价值与集体价值之间的平衡。社会发展良好的选择应是二者之间更加温和的政策。社会的发展和进步不仅需要市场自由地进行调节，还需要国家从宏观上给予干预，应平衡个人价值和社会价值之间的关系。社会能够良好地发展应该是选取两者之间的比较温和的政策，责任平衡则是这一思想流派选择的一个理论依据。社会发展的基础是每个公民对待责任的表现，社会和国家不能利用社会行动代替每个公民完成个人的责任，但是可以不断地改善社会，使公民在这一过程中不断地得以完善。每一个公民应该对社会给予的关爱进行回报，表现为力尽所能帮助社会和他人，努力推动社会真正地实现公平与正义。吉登斯提出了“无责任即无权利”的思想，这种思想提倡公民在普遍享有社会保障权利的同时，也应当普遍承担起社会保障制度的缴费等义务。② 在公益思想上，“第三条道路”理论者认为，应把利他性的助人与受助者的自助结合起来，通过培养受助者的应付困难的信心和自立的能力，建构起受助者的责任意识，消除对国家的依赖。国家

① 参见王坚红：《托马斯·迈尔谈第三条道路》，《当代世界与社会主义》2000 年第 1 期。

② ［英］安东尼·吉登斯：《第三条道路——社会民主主义复兴》，郑戈等译，北京大学出版社 2000 年版，第 68—117 页。

可通过积极的公益行为，建立和完善社保制度，对公民收入进行调节分配等各种方式的积极公益行为，扩大生活福利，促进社会实现公平正义，使公共利益真正得以实现。

第三节　马克思主义经典作家公益思想

中国共产党是在马克思主义理论为指导建立的为人民服务的政党，是以实现人民共同富裕为理想的政党。因此，研究马克思主义经典作家的公益思想，是我们培育当代中国公益伦理精神的指导方向，也才能使公益伦理精神的培育建立在为人民服务的基础之上，真正实现培育的目标。

一、马克思恩格斯公益思想

马克思恩格斯的公益思想在其著作中大多数是以公共利益、共同利益和普遍利益的概念来表达的。马克思从莱茵报时期开始，就注意到公共利益与私人利益之间的矛盾。他在《关于林木盗窃法的辩论》一文中明确质疑林木所有者，他们一方面以受害者身份要求获取对私人利益的赔偿；另一方面又利用自己的立法者的身份，打着“公众惩罚”的旗号，企图将自己的私人利益公共化，获取更大的利益。在这里，马克思已经开始敏锐地感到公益与私利之间的矛盾和冲突，并根据这样的矛盾关系，以人类社会发展的历史进程为基础而逐渐形成公益思想。

马克思从“现实的人”，即有各种私人利益要求的“特殊的个体”，也是生活在一定社会关系下的“社会的人”，肯定了私人利益推动了个人进行社会实践活动和联系，推动了社会的发展，但是马克思并不认为私益和公益之间是矛盾冲突的。马克思在《1857—1858 年经济学手稿》中，就针对一些经济学家所抱有的类似思想进行了批判。因为如果“当每个人追求自己私人利益的时候，也就达到私人利益的总体即普遍利益”，那么，从这种抽象的说法反而可以得出相反的结论，即“每个人都互相妨碍别人的利益实现，这种一切人反对一切人的战争所造成的结果，不是普遍的肯定，而是普遍的否定”。因此，马克思说，关键在于“私人利益本身已经是社会所决定的利益，而且只有在社会所设定的条件下并使用社会所提供的手段，才能达到；也就是说，私人利益是与这些条件和手段的再生产相联系的。这是私人利益；但它的内容以及实现的形式和手段则是由不以任何人为转移的社会条件决定的”。由此可以看出，私人利益是现实的具体的利益，它的实现真正体现了个人的需要，每个人都是特殊的个体，因此每个人都有特殊的私人利益。但是私人利益的产生和私人利益的实现，却不是个人仅仅通过自己的实践活动所能决定的。私人利益的产生取决于个人所处的社会历史条件，个人只有在具体的社会历史条件下才能产生相应的个人利益诉求。私人利益的实现必须在一定社会历史条件下，并且只有借助于社会所提供的手段才能实现。

马克思的公益思想还体现在其关于未来社会的分配思想中，在其《哥达纲领批判》一书中有所论述。马克思指出，“未来社会在进行个人分配前必须扣除以下部分：第一，和生产没有关系的一般管理费用；第二，用来满足共同需要的部分，如学校及各种保健设施等；第三，为丧失劳动能力的人等设立的基金。总之，就是现在属于所谓官办济贫事业的部分”①。马克思、恩格斯提到的为丧失劳动能力的人等设立基金，是社会共同体出于集体需要作出的扣除，而不属于个体自发捐赠的慈善行为。可见，在进入未来社会，传统慈善的扶弱济困职能则当由社会共同体自觉承担。马克思、同时还指出，纵然社会福利费用是由生产者的劳动创造的财富提供，但它又能直接或间接地为作为社会成员的生产者本身谋福利。恩格斯对这一问题也表现出极大的关注，在《共产主义原理》中提出一系列与此相关的重要措施：第一，为了消除工人阶级之间的竞争，就要组织劳动者或无产者为他们提供在国家的农场、工厂和作坊中工作的机会，并逼迫厂主为其支付与国家同样的工资；第二，直到私有制完全废除为止，对全体社会成员要实行劳动义务制；第三，从能够离开母亲照顾之时，全社会儿童的教育经费即由国家出资提供，并同时将教育问题与劳动生产有机结合；第四，以国有土地为公民建设公共住宅；第五，对于不符合卫生条件和建筑条件的住宅和社区全部予以拆除。对此而言，恩格斯同时主张，建立为全社会所有

① 《马克思恩格斯全集》（第19卷），人民出版社1965年版，第19—20页。

的福利是无产阶级革命的目的之一。“即将到来的社会变革将把这种社会生产基金和后备基金，即全部原料、生产工具和生活资料，从特权阶级的支配中夺过来，并且将它们转变给全社会作为公共财产，这样才真正把它们变成社会的基金。”① 由此，人类进入共产主义社会，生产力高度发达，社会物质财富极为丰富，人们的精神觉悟极大提高，社会的生产资料配置即不必依赖于公众自发形成的慈善行为以及慈善机构的慈善基金，其实现完全可由社会共同体自觉承担。马克思、恩格斯认为工人阶级（即劳动者）之间的“慈善”才是真正的慈善，具有人道性。恩格斯在《英国工人阶级状况》中明确阐述，正因为工人阶级自己处于贫苦的困境，所以他们平等看待每一个处于相同境遇的人，出于人道主义的同情心帮助他人。马克思、恩格斯认为劳动人民之间的慈善是最原始的、真正的慈善行为，是一种人道主义的社会态度与价值观。首先，劳动人民的慈善是平等的，因为“每一个人都是人”，都是一样的“人”，都有需求、价值、尊严，人们之间相互平等看待，体现了对人的主体价值的尊重。其次，劳动人民的慈善符合人的本质，体现了人的社会性。人在社会关系中的本质是人与人之间相互合作、关爱，只有这样，人才能生存和发展。最后，劳动人民的慈善能真正促进“人”的发展。劳动人民帮助与关爱同类的人是完全自愿的，不掺杂任何私心，因此它能够净化人的心灵，提升人的道德，促进社会关系有序发展进而达到社会和谐。同时，马克思、恩格斯的公益思想体现了较强的集体主义特征，在《德意志意识形态》中指出，“只有在集体中，个人才能获得全面发展其才能的手段，也就是说，只有在集体中才可能有个人自由。”由此，马克思、恩格斯在《哥达纲领批判》一书中提出，未来社会的扶贫济困职能应当由社会共同体自觉承担。

马克思的公益思想认为公共利益根源于人们的社会实践活动和交往活动，产生于人们私有利益的相互实现过程中。公共利益是对私人利益的超越，是私人利益的一般化。公共利益不是独立的利益诉求，公共利益就存在于私人利益相互实现的共同领域中，既是对所有私人利益的限制，也是对所有私人利益的实现的保障。公共利益存在于私人利益中，但又超越了私人利益。私人利益只

① 《马克思恩格斯全集》（第 20 卷），中央编译局译，人民出版社 1973 年版，第 211 页。

有在实现公共利益的同时，才能顺利实现自身。

二、列宁公益思想

列宁的公益思想来源于马克思、恩格斯关于“个人利益与共同利益相统一”，“统治阶级利益与其他阶级的利益相协调”，以及“多种利益的共同体”的思想而展开，根据苏俄国情而延伸社会主义国家发展经济的目的就是“使所有劳动者过最美好的最幸福的生活”① 的目标而形成的。

列宁认为任何阶级利益的维持和获取都不能以牺牲公共利益和国家利益为代价。根据马克思的观点，从本质上讲“人是一切社会关系的总和”②，而国家作为公共利益的代表者和维护者就有义务维护公共利益和协调社会关系。列宁曾尖锐指出，“反动政府为了这一小撮资本家和狡猾的官吏的利益，竟然毫不犹豫地牺牲全国人民的利益。”③ 而俄共（布）党和苏维埃国家则相反，是在扫除“所有一切小组的利益、情感和传统的残余”④ 的前提下建立起来的，而且它的纲领必须是“绝对符合大多数居民的利益和要求的”，政权也必须“只交给真正代表人民利益、军队利益、农民利益和饥民利益的人”⑤。而社会主义社会与共产主义社会是可以实现好、维护好人们公共利益的理想社会。因为“共产主义是社会主义发展的高级阶段，那时人们从事劳动都是由于觉悟到必须为共同利益而工作”⑥。在社会主义社会，由于消灭了剥削制度，建立了社会主义公有制，人民群众完全有条件发挥社会主义和共产主义的创造精神，因为社会主义社会已经不断地产生着共产主义的萌芽、因素。譬如，列宁非常重视星期六义务劳动这种共产主义劳动精神。他说：“普通工人……设法保护每一普特粮食、煤、铁及其他产品，这些产品……即归全社会所有……这也就是共产主义的开始。”⑦ 按照列宁的解释，共产主义劳动就是一种为社会造福的、无报酬的公益

---

① 《列宁全集》（第 34 卷），人民出版社 1986 年版，第 356 页。
② 《马克思恩格斯文集》（第 1 卷），人民出版社 2009 年版，第 505 页。
③ 《列宁全集》（第 9 卷），人民出版社 1978 版，第 280 页。
④ 《列宁全集》（第 9 卷），人民出版社 1978 版，第 524 页。
⑤ 《列宁全集》（第 32 卷），人民出版社 1985 版，第 430 页。
⑥ 《列宁全集》（第 24 卷），人民出版社 1985 版，第 87 页。
⑦ 《列宁全集》（第 42 卷），人民出版社 1985 年版，第 17 页。

劳动。这种劳动正是加强共产主义道德修养的重要途径和有效方法。列宁也主张，在社会主义社会里，一方面要贯彻“不劳动者不得食”① 的按劳分配原则，另一方面又要逐步提倡和在有条件的地方推行共产主义劳动的积极奉献的公益伦理精神。列宁强调：“应该使培养、教育和训练现代青年的全部事业，成为培养青年的共产主义道德的事业。”② 青年应该深入群众中去参加各种劳动实践，帮助扫除文盲，改善菜园，“共产主义青年团应当是一支能够支援各种工作、处处都表现出主动性和首创精神的突击队。”③ 共青团员是具有为人民利益积极奉献精神的引领者，应充分发挥共青团的公益劳动的带头作用。作为学习共产主义的学校，共青团应当是一支能够支援各种工作、处处都表现出主动性和首创精神的突击队。为此，应该教育团员：“做一个青年团员，就要把自己的工作和精力全部贡献给公共事业。这就是共产主义教育。只有在这样的工作中，青年男女才能培养成真正的共产主义者。只有当他们在这种工作中取得实际的成绩时，他们才会成为共产主义者。”④ 1919 年 5 月 7 日，莫斯科—喀山的铁路工人响应党的号召，开始在星期六进行为时六小时的不计报酬的劳动以支持革命、克服困难。这就是众所周知的“共产主义星期六义务劳动”。列宁以饱满的热情指出，“共产主义星期六义务劳动”之所以具有巨大的历史意义，是因为它向我们表明了工人自觉自愿地提高劳动生产率，过渡到新的劳动纪律，创造社会主义的经济条件和生活条件的首创精神。显然，“生气勃勃的创造性的社会主义是由人民群众自己创立的。”⑤ “共产主义星期六义务劳动”体现了列宁所倡导的贡献公共事业、为全社会利益工作的公益伦理精神，因此，列宁十分重视社会主义新人的培养，要求社会主义社会要保证社会全体成员的充分福利和自由的全面发展。

列宁指出共产主义劳动是一种为社会进行的无报酬的劳动，这种劳动不是为了履行一定的义务，不是为了享有取得某些产品的权利，不是按照事先规定

① 《列宁全集》（第 38 卷），人民出版社 1985 年版，第 325 页。
② 《列宁全集》（第 39 卷），人民出版社 1986 年版，第 302、303 页。
③ 《列宁全集》（第 39 卷），人民出版社 1986 年版，第 310 页。
④ 《列宁选集》（第 4 卷），人民出版社 1995 年版。
⑤ 《列宁专题文集》（论社会主义），人民出版社 2009 年版。

的法定定额进行的劳动，而是自愿的、无定额的劳动，是不指望报酬，不讲报酬条件的劳动，是按照为公共利益劳动的习惯，按照必须为公共利益劳动的自觉要求来进行的劳动。“我们要争取新的、更好的社会制度：在这个新的、更好的社会里不应该有穷有富，大家都应该做工。共同劳动的成果不应该归一小撮富人享受，应该归全体劳动者享受。”机器和其他技术改进应该用来减轻大家的劳动，不应该用来使少数人发财，让千百万人民受穷。这个新的、更好的社会就叫社会主义社会。“工人阶级要获得真正的解放，必须进行资本主义全部发展所准备起来的社会革命，即消灭生产资料私有制，把它们变为公有财产，组织由整个社会承担的社会主义的产品生产代替资本主义商品生产，以保证社会全体成员的充分福利和自由的全面发展。”① 即保证社会全体成员的充分福利和自由的全面发展，就是社会主义社会建设的最终目标。

三、中国共产党人的公益思想

中国共产党是代表人民行使权力的政党，是帮助人民当家做主的政党，从建党之初，就是一切以人民的根本利益实现为宗旨，以促进各族人民共同富裕为目标，因此，在党的路线、方针、政策中无一不是贯彻着为人民服务、追求共同富裕、奉献精神等公益思想。

以毛泽东为代表的党的第一代领导集体推翻“三座大山”，解放劳苦大众，确立他们的主人翁地位。毛泽东在《湖南农民运动考察报告》一文中高度赞扬了农会为彻底改变农民弱势地位做的十四件大事，认为“孙中山先生致力国民革命四十年，所要做而没有做到的事，农民在几个月内做到了。这是四十年乃至几千年未曾成就过的奇迹，这是好得很”②。在党的工作路线和工作宗旨上，毛泽东强调坚持走“一切为了群众，一切依靠群众，从群众中来到群众中去”的群众路线，明确“全心全意为人民服务”的根本宗旨。毛泽东将中国共产党的角色定位为人民谋利益的政党，认为它本身绝无私利可图。③ 1944 年 9 月 8

---

① 《列宁专题文集》（论社会主义），人民出版社 2009 年版。

② 《毛泽东选集》第 1 卷，人民出版社 1991 年版，第 15—16 页。

③ 《毛泽东选集》第 3 卷，人民出版社 1991 年版，第 809 页。

日，毛泽东在追悼张思德的大会上作了著名的题为《为人民服务》的演讲，强调共产党和其所领导的八路军、新四军，是彻底地为解放人民，为人民的利益工作的。在《论联合政府》中，毛泽东进一步深入论述了中国共产党人宗旨观的主要内容，强调共产党人什么时候都不能脱离群众，一切言论和行动不是从个人的私利或某些小集团的派别利益出发，而是从人民的根本利益出发，全心全意为人民服务，以符合最广大人民的最大利益为最高标准全心全意为人民服务，保障人民的利益是党一直要恪守的宗旨。在毛泽东看来，广大穷苦的老百姓（无疑是当时社会的弱势群体）始终是人民的主体。为人民服务主要也就是为他们服务，通过革命的手段解放他们，使之成为主人；始终从他们的利益出发，使其早日过上幸福美满的生活。毛泽东对建国初期弱势群体的社会救助工作给予了高度重视。为了救助弱势群体，党和政府设置了相应机构，制定了一系列救助弱势群体的方针政策措施。在七届三中全会上，毛泽东明确提出必须认真开展失业工人、失业知识分子、灾难受害者的救助工作，帮助失业者实现再就业。① 据 1950 年 9 月底的不完全统计，“全国失业工人共有 1220231 人，失业知识分子 188261 人，共计 1408492 人。此外，尚有半失业者 255769 人，将失业者 120472 人”。② 毛泽东强调，“推行积极的失业救济，救济失业与促进就业相结合”，“以工代赈为主，而以生产自救、转业训练、还乡生产、发给救济金等为补助办法，以求达到救济金的使用既能减轻失业工人的生活困难，又有益于市政建设事业”③。对灾民的救助方针则是“生产自救，节约度荒，群众互助，以工代赈，并辅之以必要的救济”。对待老弱病残等则主要立足于财政救济。由此可以看出，毛泽东为代表的中国共产党的第一代领导者在公益思想上贯彻的为是人民服务精神。

邓小平为代表的党的第二代领导集体在公益思想上的表现为探索先富带动后富，实现共同富裕的方针。邓小平曾经明确指出，搞平均主义，吃“大锅

① 《毛泽东选集》第 5 卷，人民出版社 1991 年版，第 20 页。

② 刘喜堂：《建国 60 年来我国社会救助发展历程与制度变迁》，《华中师范大学学报》（人文社会科学版），2010 年第 4 期。

③ 刘喜堂：《建国 60 年来我国社会救助发展历程与制度变迁》，《华中师范大学学报》（人文社会科学版），2010 年第 4 期。

饭”，人民群众的积极性、主动性和创造性不可能被充分调动起来，实际上最后导致的结果就是共同落后，共同贫穷。因此实行改革，首先就是要打破平均主义，打破“大锅饭”。① 改革开放后，针对如何使人民逐渐过上较为富裕的生活，邓小平在探索和实践中创造性地提出了先富带动后富的经济政策，明确提出允许一部分地区、企业、工人农民，通过辛勤努力，多劳多得，获得更多的收入，生活逐步好起来、富起来。邓小平同志认为一部分人先富裕起来，生活先好起来，必然会产生很大的榜样示范作用，能够带动身边地区、身边单位的人们效仿他们、学习他们。在这样的榜样示范带动下，整个国民经济自然会不断地向前发展，获得极大的提升，全国各族人民就能比较快地富裕起来。当然，值得注意的是，邓小平提出的先富带动后富的思想，强调了一部分工人农民是先富起来的群体，辛勤努力、合法经营是富裕起来的基本途径和方法，更为重要的是，先富不是最终目的，先富带动后富最终达到共同富裕才是最终目的。这一政策承认了社会主义初级阶段个人追求利益的合理性，激发了人们被压抑的创造力，但是也提出了最终目标是为了实现共同富裕。先富的部分群体和地区必须承担起帮助那些还没有富裕起来的群体和地区的义务，帮扶对象和帮扶手段只要是合理的、可行的、正面的即可，比如可以运用税收征收对象差异化、技术转让等多种方式。对于贫穷、落后的地区，可以因地制宜，充分利用当地丰富的自然资源，由政府出面整合各种力量帮助当地制定切实可行的发展战略。同时，国家也应该承担相应的义务，从政策、制度等方面更好地保障人民的最根本利益，调节收入分配，以确保每一个社会成员都能受益。

江泽民为代表的党的第三代领导集体在公益思想上表现为三个有利于的判断标准，深切关注弱势群体问题，致力于通过政策调整减小贫富差距。这一时期首次以官方文本形式提出“弱势群体”的概念，并对弱势群体问题的化解进行了有益的探索和实践。江泽民提出“在提高人民生活水平方面，还要进行长期的努力。要在保持经济增长的同时，逐步提高城乡居民特别是中低收入者的实际收入”。对此采取的措施如下：一是取缔一切非法收入，对于投机取巧、试图钻国家政策、法律漏洞的既得利益者，应给予严重的处罚；二是通过调节税

---

① 《邓小平文选》(第3卷)，人民出版社1994年版，第155页。

收制度，向富人阶层多征税，向中低收入者免税或少征税，并通过支付转移等方式补偿中低收入者，以期改善他们的生活水平、提升他们的生活质量；三是调节分配制度，坚持效率优先、兼顾公平的原则；四是保障社会和谐、稳定，促进社会的长治久安。[①] 江泽民指出，帮助贫困地区加强经济文化建设，帮助贫困地区群众与全国人民一起走上共同富裕的道路，是贯穿社会主义初级阶段全过程的历史任务。而要改变落后状况，化解弱势群体问题的根本落脚点和着力点应该在于弱势群体自身主体性的充分发挥，靠苦干实干，靠自身的辛勤付出，不断增强自我发展能力，江泽民将这一基本措施概括为改变贫穷落后局面的最根本措施，他认为这是开发式扶贫的真谛所在。[②] 为此，他要求通过国家的扶持和社会各方面的支持，充分利用当地自然资源和劳动力资源，努力改善贫困地区的生产、生活和生态条件，不断提高群众的科技文化素质和致富水平，逐步提升自我积累、自我发展、自我提高的能力，从而改变贫穷落后状态。

以胡锦涛为领导的第四代领导人和以习近平为领导的第五代领导人分别提出了构建社会主义和谐社会，实现中华民族伟大复兴的目标。社会主义和谐社会理论进一步丰富和提升了公益思想的内涵。2004 年党的十六届四中全会提出“逐步形成社会保险、社会救助、社会福利和慈善事业相衔接的社会保障体系”，在党的文献中第一次把公益事业提到构建和谐社会的高度来认识。2013 年 11 月，中国共产党十八届三中全会通过的《中共中央关于全面深化改革若干重大问题的决定》启动了新一轮的全方位改革。提出在社会领域要“紧紧围绕更好的保障和改善民生，促进社会公平正义深化社会体制改革，改革收入分配制度，促进共同富裕，推进社会领域制度创新，推进基本公共服务均等化，加快形成科学有效的社会治理体制，确保社会既充满活力又和谐有序”。由此看出，公益组织作为主要构成部分的社会组织将成为社会治理的重要主体，是今后党和政府工作的重点领域。从《决定》中可以看出政府将推动中国社会组织从“管理”向“治理”转变，体现了政府、社会组织、公民等多元主体平等参与社会

---

① 《江泽民论有中国特色社会主义（专题摘编）》，中央文献出版社，2002 年第 112、56、59 页。

② 《江泽民文选》（第 3 卷），人民出版社 2006 年版，第 251 – 252 页。

事务和对公共资源分配的协同合作。

综上所述，可以看出新中国成立后中国共产党的几代领导人无论是在党的政策纲领和实践措施中都不断完善公益相关的精神指导和路线、方针和政策，都把实现人民大众的公共利益和帮助社会特殊群体作为政府的重要职责，力图不断完善社会保障制度，缩小贫富差距，实现社会公平正义，以期达到共同富裕的目标。

第三章

当代中国公益伦理精神的内涵、特征及其价值体现

精神的形成和发展都是物质资料生产实践中的产物，是这一时代经济、政治、文化的综合表现，具有时代性的特征。当代中国公益伦理精神形成于社会主义市场经济的深入发展、政治体制改革和多元文化冲击的背景下，其内涵和特征体现了现代性。

第一节　当代中国公益伦理精神的基本内涵

现代公益伦理精神是一种以利他主义价值观为导向，以完善社会体制和社会和谐生态为目标，服务于公共利益的实践行动中所体现的精神现象，是人在满足了基本的物质需求后，从精神层面融入共同体，为实现整体利益而展现的高层次的精神追求。这一精神主要内涵了超越私利的利他精神、扶助弱势的友爱精神、热心公益的责任意识和注重行动的实践精神。

一、超越私利的利他精神

利他主义作为利己主义的直接对立面，不是以个人利益作为标准，而是强调他人利益，颂扬为他人付出并以此作为善的理念。19 世纪法国实证主义哲学家古斯特·孔德最初就是在这个意义上来创造该词的。利他主义者往往从抽象的人性本能和本性来证明其合理性。利他主义者借助动物的特别是社会性程度较高的动物的利他行为，如狼群、鸟类等，来证明人类在天性中也存在着这种利他动机。其中最典型的，是流行于西方的社会生物学观点。例如美国哈佛大

学教授爱德华·奥·威尔逊在其巨著《社会生物学：新的综合》中，就对动物的利他现象和人的利他现象作了详细的分析比较，并得出一系列在西方影响颇大的结论，认为自然选择由于在增加生物个体的利他行为的过程中增加了个体和种族存活的可能性，从而从根本上支持了动物和人的利他行为。另一方面，利他主义者往往还认为人的本能需要是多方面的，即认为人既有自私的一面，也有利他的一面，半是野兽，半是天使，“……仁慈确实是存在的，不论它是多么的少，……在人性中，除了狼的凶残，蛇的歹毒，总还有些鸽子的善良。”

利他主义是在处理人与己、他人（或社会）利益与自我利益两个人类生活基本向度关系时所做出的一种符合道德的选择，即在人与己关系上他人为先，在自我利益与他人利益或社会利益冲突时，他人利益与社会利益为重。公益伦理精神是一种超越个人对一己私利追求的奉献精神，是一种以利他主义为出发点的利他精神。公益伦理精神体现于人们生活于公共领域时面对个人利益与公共利益冲突时立足于人类发展长远的价值追求、心理态度和人格品质，是人的一种较高精神境界。

人类社会的发展是建立在人不断创造物质生产资料的过程中，利益的追求是人类生存的基本需要，利己的追求成为人在生产生活中的天性的表现。随着中国经济体制的改革，民主政治进程的进步，现代化的步伐也逐渐加快，人与人之间的交往更加密切，公共生活的领域空间不断扩大，同时随着社会的发展逐渐产生更加重要的作用，影响着人们的生活品质，如与人们生活息息相关的生态环境、空气污染、交通堵塞等。公共领域的健康发展是人们实现美好生活的必要条件。社会发展现代化的转变使得当代中国在人的价值观念、社会的价值范式、伦理的道德观念等都发生了巨大的转变，个体与群体关系、义利关系的转变成为现代化社会最明显的特征，唯利主义、极端个人主义等充斥着人际交往的关系之中。公益伦理精神则是人们思想境界的一种升华，当面对市场经济中的私利与公利的冲突时，自觉地以实现社会和集体的公利为首要目标，以社会公共利益和人类的发展为前提。公益伦理精神是建立在人们的一种理性认识和博爱的基础之上，是一种无条件的利他主义的精神体现，超越对个人利益的追求，对社会弱势群体等特殊群体的一种无私的不求回报的帮助。

马克思、恩格斯说，“共产主义者既不拿利己主义来反对自我牺牲，也不拿自我牺牲来反对利己主义，理论上既不是从情感的形式，也不是从思想形式去领会这个对立，而是在于揭示这个对立的物质根源。随着物质根源的消失，这种对立自然而然也就消失。”同时在《德意志意识形态》中也对人的这种利己和利他属性作过深入分析，认为利己主义和利他主义，不过是一种统一的利益的分裂形式。在剥削阶级虚幻的集体中，由于旧式分工和私有制造成集体利益与个人利益的严重对立，从而造成作为整体利益代表的国家，要求个人利益为国家利益做出牺牲，并向人们灌输这种“利他主义”的道德原则，称之为“美德”；作为追求个人利益倾向，不理解个人利益与集体利益的辩证统一关系，因而往往容易流于禁欲主义，宗教禁欲主义道德就是其中的典型；公益伦理精神在谈论人的牺牲精神时，并不包含反个人的倾向，而是在正确理解个人利益与公共利益的辩证关系的基础上，把自我牺牲看成个人实现的一种必要形式。公益伦理精神是一种强调自我牺牲的精神，是建立在道德自由基础之上的较高的道德选择。这一公益伦理精神并非片面地把利己主义同利他主义等同起来。

公益伦理精神展现的是人的精神价值的实现，体现着人类对道德至善性的执着追求。它是人类物质财富提升和社会文明程度提高的标尺。公益伦理精神超越个人、种族、意识形态，超越财富、生命、时空。非功利性是公益伦理精神超越性的重要体现，体现了人们在面对公利与私利时，不把个人利益得失作为在公共领域、面对社会弱势群体行动的标准。公益伦理精神内涵了一种仁爱的高尚的道德品质，表现为人作为物质属性、精神属性和社会属性的统一体，在精神层次的追求，是一种超越物质利益的精神表现，是人的感性认识上升到理性认识的体现，是理性精神指引下个人超越一己私利的利他的奉献精神。

二、扶助弱势的友爱精神

公益伦理精神是人在社会化的过程中，对生活共同体的美好向往，是人在精神世界的高层次追求。这一追求体现于为了使整个社会成员都拥有平等的责任和义务，所有人都享有平等的作为人应当享有的尊严，利益分配上每个社会成员，包括社会弱势群体在收入、分配机会等都是平等的，共同拥有社会财富和资源，享有自尊和自由，实现社会整体的公平与正义。因此，公益伦理精神中内涵了理性的公共利益的价值观，这样的价值观从人类长远发展人类和谐的目标来指引我们在公共生活中或面对社会弱势群体时表现的超越私利和扶助弱势的友爱精神。这样的道德情怀使人们自愿地通过无偿救助，增强弱势群体生存与发展能力，维护其基于人而应该享有的权利。

我国目前实行的市场经济条件下的分配体制是三次分配的形式。初次分配是通过市场调节以效益为标准进行分配，在这一过程中，按照合法效益优先的原则，效率是我们首要的实现目标。但由于制度的不完善，使得经济运行中市场的残酷竞争导致了贫富差距逐渐加大。为了努力实现社会公平与正义，我国进行了第二次分配，通过税收调节和财政支出，在社会保障领域进行转移支付，但这一分配制度仍然存在政府的财政支出能力、平衡和兼顾不同阶层中利益群体的收入等问题，以及提升人们劳动积极性，保证生产效率等因素，因而不能调节过高的所得税收入，导致第二次分配想要解决收入差距过大，实现公平与正义的目标还有一定的距离，仍然难以减少社会弱势群体。因此，以公益，慈善为基础的第三次分配成为目前解决我国贫富差距过大、减少弱势群体的重要辅助措施，即通过慈善救助、公益捐献等方式实现对个人财富进行转移，实现社会财富的再一次分配，表现在实践方式上就是一种扶助弱势友爱的公益伦理精神的体现。社会弱势群体是社会的构成部分，这一群体的生存和发展问题如果解决不好，将会导致社会矛盾尖锐，社会发展的阻力加大。弱势群体因为先天的自身条件、生活环境，第一、二次分配的缺失等原因，在生存权、平等权等方面仍然受到不公正的待遇，但是按照社会公正原则，每个社会成员包括弱势成员，都应该享有所有社会成员应该拥有的符合人类尊严的生活，社会公平正义不仅体现在整个社会普遍性的秩序公正，而且使那些在社会中处境最不利、享受资源能力最少的人群，获得更多的利益。

公益伦理精神中内在的价值追求，内涵了扶助弱势的友爱精神，保护和帮助弱势群体享有平等的人的尊严，致力于使每个公民享有同等的基本权利。公益伦理精神彰显了整个社会的道德水平和个体对人类基本道德价值的认同，是人们在理性认知的基础上形成的一种责任感，意识到自己作为一名公民应当对他人、社会特别社会弱势群体肩负着不可推卸的责任，这样的理性认知下形成的责任感凝聚成了公益伦理精神中扶助精神的体现。公益伦理精神中对扶助弱势群体的友爱精神不是个人之间的一种狭义的扶助、恩赐，而仅仅体现于对亲人、朋友或熟悉的人的帮助，而是进入到整个社会公共领域，针对所有需要帮助的人群，社会所有成员之间的互助友爱的精神。

三、热心公益的责任意识

公益伦理精神是人的社会属性的表现，是人在社会化过程中对责任意识充分认识的体现。这样的责任意识主要体现在人在公共领域生活中对自己、他人和社会的强烈责任感。公益伦理精神的产生和形成都是建立在积极参与公共生活的基础上，正是通过参与公共生活，逐渐认识到公共领域中公共利益的实现、对社会弱势群体的扶助是整个社会走向文明进步的必经之路，由此承担社会公共生活的责任，从而内涵了热心公益的责任意识。

如果说“幸福”“德性”或“快乐”等概念，曾经是西方伦理建构的时代主题，那么按照韦伯的理解和阐释，现代伦理学的主题就是“责任”。因为当代是凸显“责任”这个核心的时代。当代社会的公益伦理精神，需要围绕人的现实“责任”而构建起来。就人类目前的价值处境来说，唯有以“责任”为核心，在责任的引领和提升下，才有可能完善人的道德生活。作为时代发展的公益伦理精神，要有高度的责任感和使命感。

责任渗透于人们生产生活中的每一个方面，每个合格的公民都应承担起对国家、对社会、对自己的责任，才能成为一个合格的公民。公共领域与私人领域相区别，向所有公民开放，公民一旦进入这一领域就成为公众，在这一领域，人们具备自由的意志去进行各自的组合，并按照自己的意愿表达他们的想法。由此可以看出公共领域所对应的公共利益与每个公民的私人利益之间相互影响、相互融合。当公共利益与私人利益发生冲突时，对公共生活的积极参与和对公共领域的责任意识成为化解这一矛盾的有效措施，公共利益的实现和可持续发展需建立在每一个公民在公共领域中的责任意识的基础之上。每个人只有在公共领域中具有强烈的责任感，才能内化于实践活动中，促进公共利益的实现。

因此，热心公益的责任意识并不是一种所谓的外在的“必须”，而是人们内心对人类共同体的共同利益的自觉积极实现，是个人内心对公益的热心奉献，自觉对公益的责任担当，通过积极参与公共生活的实践行动，努力实现公共利益和对社会弱势群体的关怀扶助。

四、注重行动的实践精神

公益伦理精神是人们在道德境界上的一种精神追求。但道德不同于科学、艺术领域的精神存在，而是一种实践性较强的精神存在。它是以指导人们生活中的行为为目的，以各种实践方式促进人们形成正确的行为方式为内容的精神实践，因此它是一种注重行动的实践精神。公益伦理精神作为道德领域的精神体现，表现为人在社会化过程中完善发展自身的活动，把握自己与社会、与他人之间的行为方式，在生活中的实践实际上是一种价值观和行为准则，体现的是一种人们在公共领域生活中的行为规范。

公益伦理精神是人们在积极地投入公共领域，不断实现公共利益目标的实践中形成的，是人们在参与公共生活的一种价值体现。人作为社会属性、物质属性和精神属性的统一体，目的性是人的精神属性的特有体现，这样的目的性也造就了精神具有其实践性的特征。公益伦理精神则是人在公共领域中努力实现公共价值，构建和谐人际关系的实践行动，因此表现为一种注重行动的实践精神。人在社会化的过程中不断地根据自身目的决定怎样去实践，正是因为人的目的性的存在，人在实践中才会决定实践活动的方向手段和价值追寻。同时，公益伦理精神作为一种实践精神，表现为具备明确目的性和目的性指导下的具体的实践行动，最终达到调节具体生活行为的目标。人类只有结成群体，社会才能进行生产和再生产，而人类群体和社会只有在一定秩序和行为准则下才不至于分裂、出现混乱。公益伦理精神不是为人们重新塑造一个公共领域，而是通过在人的实践行为中引导人们积极地参与公共生活，树立正确的公共利益价值观，建构新的行为规范，制约、指导人们的行为，增强人们的主体意识和实践中改造社会的能力，培养人们在人际关系和公共领域中优秀的德行，调节人们在公共领域中和谐友爱的社会关系，塑造个人优秀的道德品质，提高人的精神境界，促进社会共同理想的实现。

因此，公益伦理精神实践精神体现于不仅以物质手段作用于物质客体的实践活动，而且体现于以精神指导实践行为的手段来调节人的相互之间的关系，使社会形成相应价值要求的精神活动。公益伦理精神是一种注重实践的精神体现，它不是被动地反映世界，而是根据人的需要，从整个人类发展的角度、以人为本的价值出发，通过实践形成特殊的社会秩序和行为准则来维护社会稳定、和谐和发展，达到改造世界的目的。

第二节　当代中国公益伦理精神的特征

当代中国公益伦理精神形成于中国现代化进程中市场经济体制进一步完善、社会改革推进下的公益实践中，因此形成了与传统慈善观不同的新型的公益伦理精神理念。

一、助人自助的互惠性

当代中国公益伦理精神的重要特征之一是从单一利他向互惠利他观点的转变，已经不是个人、宗族出于同情、积德或来世报应等动机下进行的孤立慈善行为的表现，而是建立在完整的价值基础上、依托一定组织机构、具有合理的职能分工、得到法律和规范保障的制度安排等公益实践行为中。因此，公益行为在当代社会已经是一种所有公民对国家、社会责任的普遍体现，是一种公民普遍参与的实践行为。而传统的以利他为出发点的公益伦理精神仅在少数的精神境界较高的部分人群才能达到，当代公益伦理精神已经转向为从利他主义出发，最终实现公利与私利相统一的互惠利他的表现。

马克思指出"'思想'一旦离开'利益'，就一定会使自己出丑"①。人作为主体性的实践存在，对利益的追求是与生俱来的。人的各种社会关系的产生都是建立在人对物质资料生产的基础之上，因此利益关系在人类所有的社会关系中是最根本和最本质的，影响着其他所有关系的形成和发展。"人们奋斗所争取的一切，都同他们的利益有关。"② 利益反映的是人与人之间的关系，是人在自己与他人、社会发生关系时所产生的。公利与私利的关系体现了个人与社会群体之间的关系。一方面，群体离不开个体，个体是群体的细胞，也是社会的

---

① 《马克思恩格斯全集》（第 2 卷），人民出版社 1965 年版，第 103 页。
② 《马克思恩格斯全集》（第 2 卷），人民出版社 1965 年版，第 82 页。

细胞，是人类存在的基本单位，没有个体就没有群体，也就没有人类社会，人类社会的所有群体都是建立在无数个体的基础之上，人类社会的各种群体都是由个体组成的不同层次的人群共同体。另一方面，个体也离不开群体，任何个体都是特定社会、特定人群共同体中的一员，世界上根本不存在不从属于任何人类群体的个人。公益伦理精神中的公利与私利的关系在其本质上是社会与个人、整体与个体的关系，是相互依存、对立统一的辩证关系。私利是公利的基础，公利无法脱离私利而存在。公利与私利统一性体现在，公利产生于私利，不能脱离个人利益而存在，其以保障私利为目的，是私利让渡的结果；私利的实现以肯定公利为前提，二者可相互转化。公利与私利的对立性体现在，公利不同于私利，二者有可能发生矛盾冲突，维护公利要适当牺牲个人利益。在处理二者关系时，应坚持公利的相对优越性，建立公利与私利的良性互动关系。这种良性互动关系的建立是公益伦理精神得以培育的关键所在，我们只有认识到公利中包含着我们的私利，才能作出让渡，建构和谐的共生共存之路。

公益伦理精神体现了公利与私利真正的合二为一，两者不是对立的异化的关系，而是相互促进，相互统一的利益共同体。私利与公利根本上是一致的，两者为前提，互相依存。公益伦理精神体现了价值取向公利与私利之间矛盾冲突时的辩证统一的特征。

二、自由意志的责任性

随着中国社会主义市场经济的深入发展，人的主体性地位得到了提升，权利与责任、公平与正义的理念逐渐形成。现代公益伦理精神不再是传统慈善精神中所体现的施舍、恩赐的思想理念，而是内涵了每个人自由意志的前提下，相互人格平等基础上对国家、社会良好发展愿望的责任体现。

“责任”这一概念的词根为拉丁文的“re - spond”，意思是指“我作答”，即允许一件事情对另一件事情的回答。早在古希腊时期，波西多纽的《责任论》就已问世。苏格拉底把责任看作是“善良公民”对国家和人民服务所应具备的本领和才能。① 社会责任感则是主体对自身针对某一客体的相关联的身份确认

① 李尽晖：《当代大学生道德责任教育研究》，陕西师范大学 2009 年版，第 31 页。

和认同后，对自身权利和义务的认同，是一种对所处共同体的担当和履行义务的表现，两者之间是一种关联属性。社会责任感还是一种公共意识的展现，体现了对国家、社会的一种责任态度，是个体道德境界提升的展现。因此，我们每个人作为道德行为的主体，同时也就是一个责任主体。责任意识的强弱体现一个人的人格品质的高低。公益伦理精神是一种公共精神，要求公民通过自身的努力，在能力所及范围内，承担社会责任，伸张和维护社会道义，开展一定的志愿行动。社会的稳定协调和谐发展，法律是一个必备的条件，然而法律的强制性在现代社会的许多公共领域是无法触及的，因此，还需要道德的调节。社会责任感则是个体道德价值的选择，是人类发展过程中精神的产物。而精神的产生是以人的自由为前提的，这样的前提需建立在物质生活水平基本满足的基础之上，否则在很多情况下，精神就有委身于物质的危险。随着中国经济的快速发展，人们的物质生活水平不断提高，物质财富得到了较大丰富，人的精神自由的前提条件得到保证。同时，中国在经济体制、政治改革、社会建设等方面取得了丰硕的成果，人们所享受的教育水平得到较大的提高，人的素质得到了提升。人们享有着前所未有的追求自己思想领域的自由，多样化的各种物质条件给予了人们高度的选择自由，政治制度的完善赋予了人们的信仰自由，人通过信仰，获取世界的意义。人通过行动，给予世界以意义，所以，思想自由、选择自由和信仰自由使人们最终形成了人的精神境界的高度提升即审美自由，人的自由意志也逐渐形成。自由意志并非是一种无原则、无底线的自由，而是人的精神境界提升到了一定程度时的表现。因此，自由意志的形成使人们在公共领域生活或面对社会弱势群体时可以根据自己的意志决定行动，也因为自由意志的形成，人的精神境界的提升，人的责任意识逐渐形成。

中国的发展进步使人们的自由意志得以形成，现代公民所具备的思想观念在每一个公民身上逐渐展现。现代公益伦理精神体现为人们认识到每个公民都有共享社会资源的同等权利，也应该有实现这一任务的社会责任。公众较为关注的教育、卫生、环境等公共领域，是推进人类发展进步的重要领域，每一个社会成员，包含对社会贡献较少的弱势群体也应当拥有享用这些资源的同等权利，也只有共同享用才能共同发展进步。每个公民获得自主选择、平等对待的权利，也产生了与之相对应的责任存在。就如所有的社会成员都应该拥有公平享有教育资源的权利，有生活在一个不受污染的环境中，有决定自己去行善、做公益的权利等，不会以对社会的贡献多少而被剥削其享用公共资源和得到平等对待的权利。同时每一个社会成员对于公共资源及弱势群体，都应担负使之拥有创造财富的能力，进而共同使用社会资源的责任。

当代中国公益伦理精神不是处于同情心下的扶贫济困理念的表现，而是秉持追求实现社会公平正义的理想，是建立在人的自由意志形成基础之上人与人之间的平等精神，致力于使弱者在重新进入社会竞争领域时，有更好的条件和更平等的机会，使每个人的权利得到保障，是一种超越传统助人行为本身，是人们相互之间平等的主体地位下互助友爱的善举，是一种责任意识基础上的推动社会进步的自愿付出，总体体现为人格平等的责任观。

三、理性主导的自觉性

中国公益活动的开展在封建社会和计划经济时期都表现为官方主导、民众辅助的形式，而当代中国公益伦理精神体现了自觉性特征。我国封建社会时期财富高度集中，普通民众难以具备丰富的物质条件参与公益活动，一直处于被动的地位，缺乏参与的积极性和自觉性。随着中国市场经济体制的转型，综合国力和人们物质生活水平得到了大幅度改善，人的主体性地位得到了较大提升。公益活动的管理和开展更多地由社会组织来进行，国家职能部门仅仅发挥宏观调控的作用。这样的管理体制之下，当代中国公益伦理精神的形成去除外在力量的干预和强制，内在的形成于公共领域人与人之间自由交往产生的理性认识之中，因而展现了自觉性的特征。

公益伦理精神体现的是人们在面对公共领域的利益与自己私利之间的价值选择。这样的价值选择是建立在人的自身觉醒之上。公益伦理精神是一种从感性认识上升到理性认识而形成的精神展现，内涵了人在公共利益上从自在转向自为的心路历程，是一种自觉追求的精神体现。社会意识对个人或群体活动的调控，是通过个人意识或群体意识的影响来实现的。在这里，人的理智、知识、情感、意志等共同参与调控人的活动，理性与非理性、社会意识形态与社会心理等各种形式交织在一起，深刻而广泛地影响着人们的活动。其中，理性的因素无疑是调控人的活动的主导因素。理性与非理性之间的区别是自觉与不自觉的区别，二者之间的不同比例和关系，造成特定调控活动之自觉性的不同程度。公益伦理精神作为社会意识形态的表现形式，具有相对独立性，在反映社会存在的同时还具有自身的能动性和独特的发展规律，因而也赋予了其特有的自觉性特征。公益伦理精神的相对独立性来自人类意识的本性及其发展的客观物质条件。公益伦理精神产生于人们社会生产和生活中，因社会交往的需要而产生。当代中国正处于市场经济的深入发展和政治体制改革过程之中，人们的生活水平得到了较大的提高，人的主体性地位得到提升，物质财富也前所未有地丰富。大多数人具备了参加公益活动的物质条件。教育水平提升和人与人之间交往更加密切，许多人对公益活动的认识不仅仅停留在传统的层面上，而且能够理性地看待公共利益的实现，同时也能更加关怀社会特殊群体，把这些成员看成我们共同存在不可缺少的一分子，因此，他们会把公益活动作为自己的责任和应尽的义务，不再只看成为是自己的奉献。

当代中国公益伦理精神是随着人类文明程度的提高，人们在具备了自身的自我完善、自己发展的能力和趋势下逐渐形成的，是人的理性认识的升华；是社会成员出于慈爱之心和友善之情对社会特殊群体自发、自愿、自觉的行为；是人们基于对和谐、美好生活的追求和向往，注重社会道义，强调社会责任，更多地考虑社会分配的公正性，把从社会得来的利益，再回报给社会的理性行动。这一精神内涵了平等尊重的人文关怀、以人为本的价值观、公民社会的责任观、利他主义的价值观、理性的社会财富观、志愿精神或理念的综合。公益伦理精神产生的动力来源不是经济利益、权力动机或其他物质利益，而是其内在的思想理念、价值观念。公民个人把从事公益慈善活动当作个人的责任，是人们对社会公共利益与个人私利之间的自觉理性认识，这是一个价值认识的内化的结果。这种内化是一个柔性的过程，体现的是“自觉性”，而不是一个强制过程。由此可见，作为人类在公共领域价值选择调控系统的社会意识，当代中国公益伦理精神是一种理性认识自觉的展现。

第三节 当代中国公益伦理精神价值体现

一、增进社会公共利益

公共利益不是多数人利益在数量上直接地体现，更不是个人利益的简单集合，它是普遍共性的个人利益的高度概括，是个人存在和社会发展必需的整体性的利益综合体。社会的发展使人们生活在价值目标多元化、人与人之间利益竞争普遍化、社会矛盾冲突多样化的背景之中，但公共利益的存在却是客观存在，并逐渐加大对人们生活品质高低的影响，这已成为人们不可否认的共识。人们仍然有着共同的利益需求，就如与我们生活息息相关的自然环境、自然资源、公共设施等都是人们生活的公共领域，这些资源的可持续运用是人类得以不断发展的前提条件。

公共利益是客观存在于社会公共领域之中与公众生活密切相关的一种整体性、长远性和根本性的利益，是社会存在和发展的基础。公益伦理精神是一种奉献、博爱的精神，是人在自由意志为前提下的理性精神，这一精神的宗旨是实现社会公平与正义，是超越一己私利的利他主义精神。人类社会的长远发展是建立在社会公共利益可持续使用的基础之上，例如生态环境、公共基础设施、教育资源等都是影响社会发展的最根本的要素，这些资源的可持续的运用是人类能够生存、不断进步的基本条件。公益伦理精神的目标是从长远发展治理的角度来推进社会发展前进，最大化地实现公共利益，确保社会发展成果最大化、最公平地为社会全体成员所享用则成为公益伦理精神后的价值体现。公益伦理精神是人在理性认识基础上的责任意识的升华，因此，公益伦理精神使人们在公共领域的实践活动中，意识到自己的责任和权利，即促进公共领域所有资源的可持续的运用是每一个公民应尽的责任，影响着我们生活的品质高低，因此一旦公共利益和个人利益发生冲突，公益伦理精神的实践行为将会从理性认识的角度认识到人类长远发展是最终的目标，因而会理性对待，相互促进，努力增进社会公共利益的实现。

公益伦理精神中的长远发展责任意识使人们在具体的人的实践行为中自觉维护和协调个体与公共利益之间的关系，形成了公共理性的价值观，以实现公共利益的最大化为目标，因而展现了增进社会公共利益的价值目标。

二、维护社会公平正义

社会公平正义实现的基本标准是每一个社会成员都能合乎尊严地生活，每个人追求价值实现的渠道畅通，各个领域对所有社会成员实现机会平等，每个人都能实现全面发展。恩格斯在《在大陆上社会改革的进展》中明确地指出，人类社会的崇高境界是公平正义的实现，同时也是社会主义和共产主义的首要价值之所在。马克思、恩格斯早在《共产党宣言》中指出："随着无产阶级取得胜利，代替那存在着阶级和阶级对立的资产阶级旧社会的，将是这样一个联合体，在那里，每个人的自由发展是一切人自由发展的条件。"①

公益伦理精神是一种超越私利的利他主义精神，是在面对社会弱势群体时体现的扶助弱势的关爱精神，并且把这些精神的宗旨通过实践得到不断的凝聚升华。因此，中国作为一个社会主义国家，公平正义是我们国家性质的应有之义。当前我国社会主义市场经济的深入改革，对外开放的不断扩大，由于第一、二次分配的不足造成了贫富差距的不断拉大，弱势群体出现了不断扩大的趋势，作为政府行为之外的公益行为，是公益伦理精神的实践方式，通过关注社会特殊群体，特别是社会弱势群体享受社会公共权力，减小贫富差距，改善人民生活，化解社会不和谐因素。十八大报告也再次指出，实现共同富裕的目标应当是社会各阶层人民的收入分配差距减小，中等收入的社会群体不断扩大，社会需要扶贫的对象降到最低，所有公民都能享受到社会保障的权利、基本医疗卫生服务等。由此可以看出，共同富裕的目标是社会主义国家的本质体现，这一本质中具备了人的权利与责任的思想内涵，具备了以人为本的人道主义精神。

公益伦理精神扶助社会弱势群体的实践有力地维护了社会弱势群体的基本生存权利，使那些在社会处境中最不利的成员获得更多的利益，每个人都享有事实上的机会平等，享有平等的发展可能性空间的机会，所有社会成员都能普

① 《马克思恩格斯选集》（第1卷），人民出版社2012年版，第294页。

遍地、不断地得到发展所带来的收益，每个社会成员都过上有尊严的生活，解决了政府和市场所不能实施保障的领域，体现了维护了社会的公平与正义的价值目标。

三、形成良好社会风尚

社会的有序发展是建立在公众对个体利益追求的节制和对共同体利益的认同基础上，优良的社会风尚是基于个人行为和群体行为的道德约束，公益伦理精神的培育就是人们在道德上形成自我规范和自我约束。

社会越是进步，经济越是发展，越是需要道德做良好社会风尚的坚实基础。社会的发展和进步既需要雄厚的经济和快速发展做基础，又需要稳定的社会秩序和良好的社会风气做支撑。没有一个公平、正义、平等、和谐、风清气正和积极向上的社会风气，公民就会思想消极、精神萎靡、行为懒散、意志消沉；一个国家如果缺失了良好的风尚，就会变得没有生机、没有活力、没有朝气，就会成为缺失精气神的空壳。假若这样的话，我们的社会和所进行的事业就完全失去了动力保障，而追求幸福、创造文明就成为一句空话。公益伦理精神的形成和发展与社会文明程度的进步和和谐紧密地联系在一起，与现代化的进程相互伴随。中国不断深化改革的过程中，市场机制在收入分配中的影响不断加剧，结构性调整带来的不可避免的结果以及分配秩序混乱等多种因素的共同作用，弱势群体增加、贫富差距加大、个人利益与公共利益矛盾凸显等不和谐的现象愈加复杂。公益伦理精神中所内涵的无私奉献、慈善救助的宗旨使越来越多的物质财富较为丰富的人自愿地奉献出自己的财力和物力，力所能及地关注、投入教育、医疗、卫生等公益事业中去，致力于对弱势群体生存条件的改善，推进社会公共事业的改革发展，增强整个民族的凝聚力和向心力，推动社会稳定和谐发展，促进公平、正义、和谐社会的形成。

人自身的发展同优良社会风尚的形成和发扬也是相辅相成的。当人的追求走向更高层次时，人的社会责任感会逐渐增大，为公共利益做出贡献的思想将对社会起着有益的示范作用，这些都将有助于优良社会风尚的形成和发扬。

四、促进人的全面发展

人的全面发展是人不断摆脱被物质异化的过程，是人在生产生活实践中不断实现人的价值的过程，是伴随着历史进步逐步获得解放的过程。人的全面发展不仅与个人的努力奋斗有关，同样与社会的整体发展水平有关。学者厉以宁曾指出："人们有不断改善自己的生活的愿望。人们在改善自己的生活的过程中，会越来越感觉到个人生活的改善同周围的人的生活的改善是联系在一起的。……尽管个人的生活改善了，但如果周围的人的生活不仅没有改善，反而有恶化的趋势，从而个人生活的社会环境比从前更不安定了，那么这也很难说明生活质量是否真的有所提高。"① 因此，人的全面发展是建立在整个社会群体生活水平的提升和文明程度的提高，公益伦理精神的培育正是致力于此。

人的全面发展首先是指人的个性和能力得到充分的展现和运用。个性和能力的全面发展则依赖于社会发展的水平、社会生产力的高度发展及它所创造的社会物质条件。社会环境是人全面发展的外在条件，人本身的主体因素则是这种发展的内在条件。人的全面发展意味着人的个性的丰富性和能力的多样性，使人在复杂多变的社会生活中能够应对自如，显示出更强的主动精神和创造力。公益伦理精神的培育使公益主体意义生命实现升华，有助于塑造个体品格的完善，促进了每个个体的全面发展。其次，人的全面发展还在于人的价值得到充分的体现，而人的价值体现于人的自我价值和社会价值的辩证统一，是在不断创造价值的过程中实现价值的过程。人是社会性的存在物，是在与他人交往中生存和活动的，是只能在集体中才能生存发展的，为了维护集体和公共的利益，就必须对个人的行为有所限制。价值是作为主体的人的需要同外部世界即客体的一种关系，这种关系表现为客体对主体需要的肯定或否定，即能否满足以及满足的方式和程度等。人在社会中既是有需要的主体，又是以自身实践来满足需要的客体。因此，人的价值就整个人类来说，在于人类对自然界发展的影响

① 厉以宁：《体制·目标·人：经济学面临的挑战》，黑龙江人民出版社 1986 年版，第 315 页。

和人类满足自身需要的活动；就个人来说，一个人的社会价值大小，在于他能否和在多大程度上满足社会的物质需要和精神需要，也就是人的价值在于贡献。公益伦理精神的形成彰显了人的社会价值，使个人价值和社会价值实现了统一。最后，人的全面发展还体现于不断发展、不断进步的社会主义现代化建设的潮流中，而人的现代化则是社会主义现代化的基本条件，“人的现代化是国家现代化必不可少的因素，它并不是现代化过程结束后的副产品，而是现代化制度和经济赖以长期发展并取得成功的先决条件”①。中国正在不断地走向现代化的路上，人的现代化是我国整个现代化事业的核心和主导，要求人在道德价值观念、行为方式等方面实现由传统人到现代人的转变。它强调人的尊严与追求，鼓励个性，实践观念向理性化、知识化、世俗化的转变，交往上实现由封闭的、地域型的人际关系向开放的、世界性的人际关系转变。现代化过程中公益伦理精神的培育是为了使人们形成一种自由、独立、开放、进取等基本品质，在越来越频繁的公共领域的生活中培养起竞争、合作、开放、民主、平等、责任等品质，关心他人、尊重他人，促进社会形成良好的公共秩序和和谐公共生活，最终实现人的全面发展。

中国共产党是一个以马克思主义思想为指导下的为人民谋福利、代表着人民大众根本利益的政党。马克思主义思想中，追求人的自由而全面发展是马克思、恩格斯毕生的努力方向，人的自由而全面发展理论是马克思学说的核心组成部分，构建一个人与自然界、人与社会和人与人之间高度和谐的大同社会，实现所有现实的个人都能自由而全面发展是马克思理论最终的实现目标。因此，中国共产党领导下的公益伦理精神培育是以每个人的自由而全面发展为目标指向。同时，我国是一个马克思主义理论为指导的社会主义国家，追求人的全面发展是社会主义制度优越性的具体体现。马克思关于人的全面发展理论阐述了未来社会的奋斗目标，它的着重点就在于如何改变现实中人的存在状态和在这种状态下如何提高人的自身素质与质量，把人的存在状态和人的素质提高有机地结合在一起。它不仅关心人的物质生活状态、政治生活状态，而且关心人的精神生活状态；不仅关

① ［英］英格尔斯：《人的现代化》，四川人民出版社 1985 年版，第 8 页。

心人的现实状态，而且关心人的潜在状态。人的存在状态全面优化，就要求在这种状态下必须是高素质的和全面发展的，只有实现了人的全面发展，才意味着社会实现了真正的进步。① 我们共产党人为之奋斗的社会主义、共产主义正是这一崇高目标。

① 万光侠:《市场经济与人的存在方式》，中国人民公安大学出版社 2002 年版，第 338 页。

第四章

当代中国公益伦理精神现状分析

公益伦理精神的培育应首先充分了解当前人们在公益活动实践领域中的具体情况，即人在实践活动中所展现出的对公共领域、社会弱势群体、教育、卫生等人类发展密切相关的问题的主要表现，包括公益认知、公益责任、公益参与、公益理念等。通过对当代中国人的公益伦理精神的具体实践进行深入调查，才能提出有效的培育途径。

第一节　公益伦理精神现状调查

公益伦理精神的调查主要是为培育公益伦理精神提供真实有效反映公益伦理精神的真实面貌，找到问题产生的根源，使培育途径有针对性，体现实效性。因此，笔者通过问卷调查的方式对当代中国公众公益伦理精神的现状进行调查，问卷设计主要体现问卷目的、问卷内容、问卷构成和问卷回收结果。

本问卷调查目的主要有三项：一是调查当代中国不同阶层群体的人们公益伦理精神现状；二是分析当代中国不同阶层群体的人们公益伦理精神缺失的原因；三是通过调查结果对当代中国不同阶层公益伦理精神缺失进行检验分析，总结得出公益伦理精神缺失所造成的消极影响。问卷调查内容主要包括四个部分：一是关于公众对公益认知的调查，主要从不同收入、不同知识层次的公众对公益组织基本了解情况、公益作用的认识、公益政策知晓情况展开调查；二是对公众对公益责任认识的调查，主要从公众对参加公益活动的表现，如何选择参与公益活动和组织及对维护公共利益的态度展开调查；三是关于公众是否进行公益参与的调查，主要从公众是否参加公益活动、参与的频率及不同学历的人参与公益活动的频率等相关情况的调查；四是调查公众是否形成正确的公益理念，主要从公众参与公益组织的方式、公众参与公益实践的对象及不同学历对公益实践的认知调查。问卷共由三部分构成：前言、背景信息（个体特征）和问卷主体。前言部分简单介绍问卷调查主旨及注意事项。背景信息包括四项个体特征信息调查（性别、年龄、文化程度、职业）。问卷主体内容部分由单选题 17 道构成，整份问卷共计 21 道题。

调查过程中共发放问卷 500 份，收回有效样本 478 份，回收率为 95.6%。对有效样本做了相关分析。被调查者分布于北京、贵州、湖南、云南 3 个省和一个直辖市。被调查者的性别：男性 262 人，占 54.8%；女性 213 人，占 44.6%。缺失值 3，占 0.6%。年龄、职业、文化水平构成如下：

被调查者的年龄构成：

年龄段	24 岁以下	25～35 岁	36～55 岁	60 岁以上	缺失值	总计
比例%	25.6	30.2	30.6	13	0.6	100

被调查者的职业构成为：

职业	机关干部	教师	管理、技术人员	工人服务	服务行业从业人员	其他	缺失值	总计
比例%	10.1	13	11.6	18.6	21.3	24.2	1.2	100

被调查者的工作单位构成：

工作单位	政府机关、事业单位	学校	国有企业	私有企业	其他	缺失值	总计
比例%	22.5	19	26.2	17.2	14	1.1	100

被调查者的文化程度：

文化程度	小学以下	小学	初中	高中	大学	研究生	缺失值	总计
比例%	6.2	7.8	16.7	17.5	40.8	9.8	1.2	100

通过上述问卷设计，经过近一个月的调查，针对调查问卷回收反馈的结果，笔者做出以下分析。

一、公益认知的调查分析

表4－1　对国内外知名公益组织的了解状况

对国内外知名公益组织了解状况			
对国内知名公益组织了解状况	知道和了解的人所占比例%	不知道的人所占比例%	未回答的人所占比例%
中国红十字会	99.6	0.2	0.2
中国妇女发展基金会	66.7	33	0.3
中国公益联盟	54.3	45.4	0.3
国际绿色和平组织	46.5	52.7	0.8
中国青年志愿者协会	51.6	48.2	0.2
壹基金	40.6	58.7	0.7
嫣然基金	53.6	44.7	0.7
免费大米	18.7	80.5	0.8
母亲水窖	18.5	80.8	0.7

表4－1中的公益组织主要包含了当前我国公共领域中较为知名的公益组织，如中华人民共和国成立以来成立最早的公益组织中国红十字会，针对妇女、儿童、环境等专项服务的中国妇女发展基金会、中国儿童少年基金会，国际绿色和平组织等公益组织。从调查结果来看，除了对于成立时间较长的、有官方或半官方背景的，如中国红十字会，某些国内外知名影星参与其中的如壹基金等公益组织，大众比较了解。除此之外，对国际知名公益组织如免费大米、国际绿色和平组织相对了解甚少。公益组织是公益活动的载体，对这一组织的了

解体现了公众是否积极参与公益行动，也体现了公众对公益的认知程度，调查结果显示公众对公益的关注和了解较少，由此显现了公众的公益认知水平相对较低。

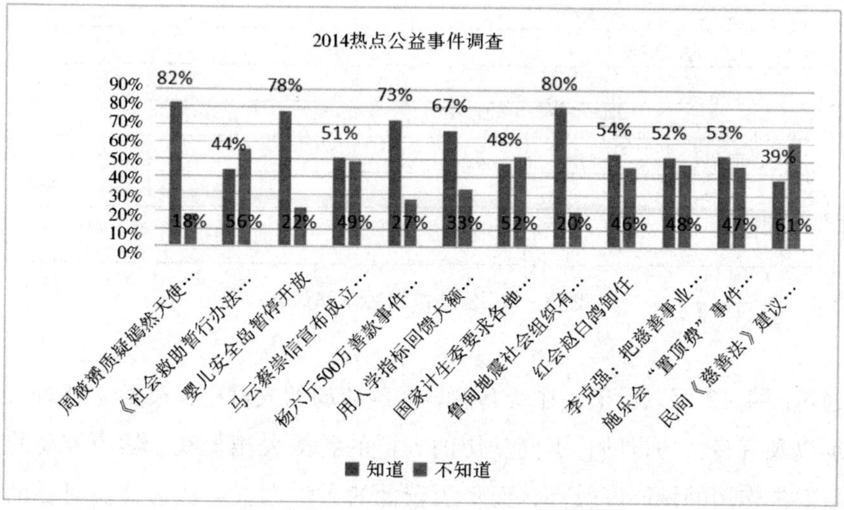

图 4－1　关于公益热点事件的了解情况

图 4－1 主要调查人们对 2014 年我国公益领域中产生的重大事件是否了解，是否关注，目的是检验人们对公益的关注度，由此体现他们对公益的认知程度。调查结果显示问卷中的公益事件均是 2014 年我国出现公益活动相关的产生较大影响的事件，这些事件均通过各种媒体，如网络、电视、报纸等途径进行了全面跟踪报道。结果显示，具有名人效应的公益行为和反面事例的个体事件，受到关注率比较高，如李亚鹏建立的嫣然基金、杨六斤的 500 万善款事件。除此之外，大型灾难如鲁甸地震等，知晓率也比较高。但在公益政策法律法规的完善、修订，如民间《慈善法》的修订等知晓率较低，仅有 39%。由此可以看出，公众对公益的关注较为有限，认知也相应比较浅显。

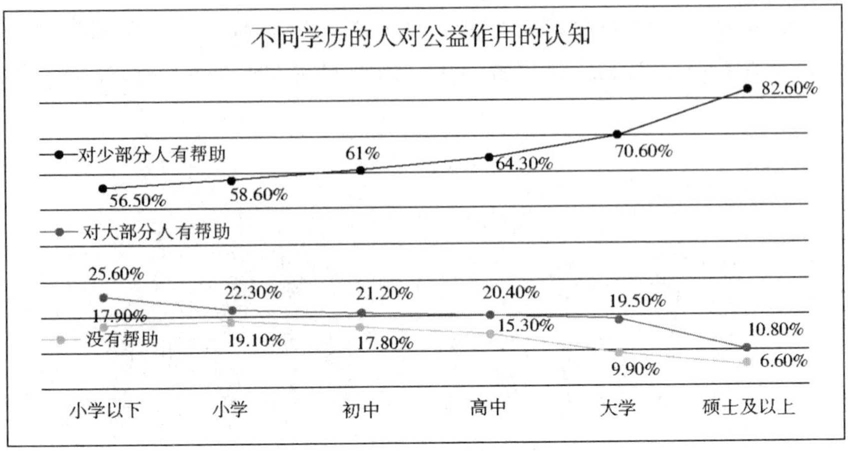

图 4－2　公益作用的认知调查

通过图 4－2 可以看出，在所有参与公益活动的人群中，公益是否对人们有所帮助以及有多大的帮助，不同学历的人群的看法大相径庭。学历较高的人群对公益发挥作用的认同度较高，而学历较低的人群则普遍认为公益对受助人群的作用较小，公益就是捐钱捐物的活动，由此可以看出，当前我国公益事业发展缓慢的原因与我国教育的发展水平密切相关。

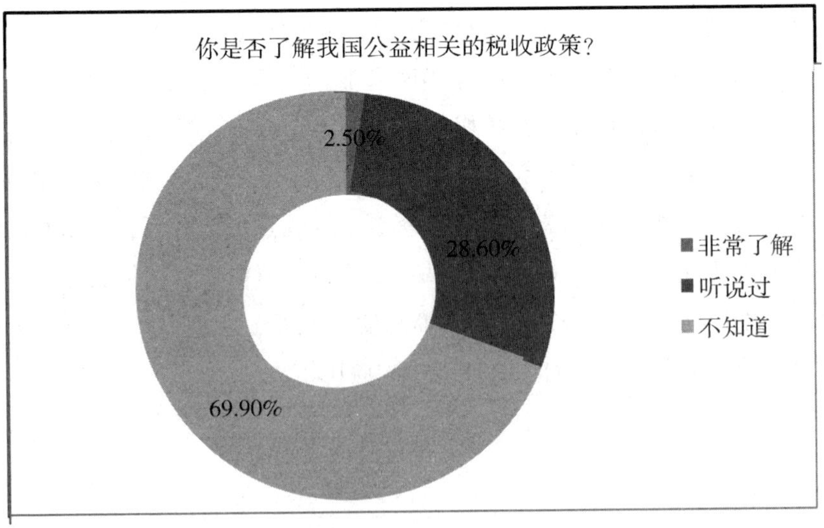

图 4－3　公益相关的税收优惠政策的调查

图 4 -3 得出仍然有将近 70% 的人不了解我国针对企业、社会团体和个人向慈善机构、基金会、救济性捐赠制定的相关税收优惠政策。这一政策规定在缴纳企业所得税和个人所得税之前全额扣除捐赠款项的税收。这一税收政策于 2008 年制定，由国家税务总局下达的《关于事业单位、社会团体企业所得税相关问题的通知》中进一步规定关于具体的免税项目。十八届三中全会关于全面深化改革的决定再次明确提出要“完善慈善税收减免制度”。但是从调查结果来看，大部分人都不知道有这样的政策，这就体现了我国公众对公益活动相关基本政策的执行缺乏了解，折射了在公益认知上的缺失，同时也反映了我国慈善捐赠的税收优惠政策的宣传和执行尚未落到实处。

二、公益责任的调查分析

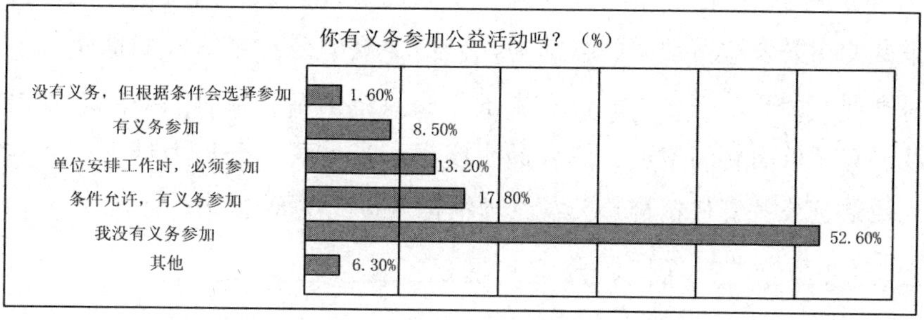

图 4 -4 关于义务参加公益活动的调查

图 4 -4 结果显示有超过 50% 的人认为参与公益活动不是自己的义务，仅有 8.5% 的人认为自己有义务参与公益活动。由此可以得出当前我国公众的公益责任感较低，大部分人认为公益不是自己应尽的义务。公益责任是建立于公众对自己的权利和义务认知的基础之上，只有清楚认识到自己的公益责任，才能积极投入到公益活动中。

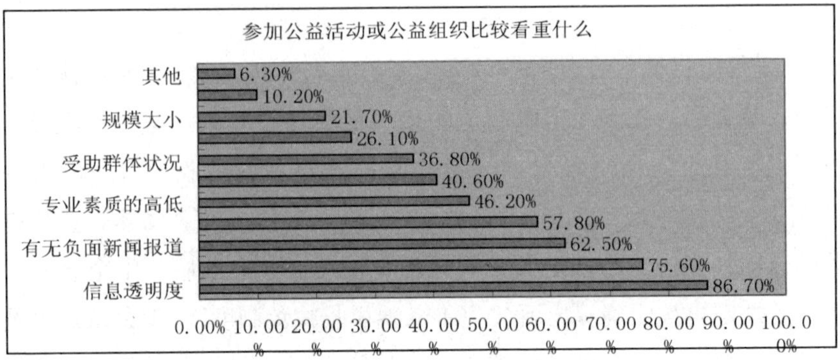

图4-5 关于公益活动规模和公益组织公信力的调查

图4-5的调查目的是为了了解公众在参与公益活动或加入某一公益组织时比较看重什么，从其中找出当前我国公众公益责任缺失的原因。公益责任不仅通过每一个参与公益活动中具体的某一个人的责任认识，同时也体现于公益组织及举办的相关公益活动中的公信力。公信力高的公益组织较好地履行了相应的公益责任。调查结果显示受访者表示自己实施捐赠时最看重的是慈善组织的公信度、有无负面新闻报道、信息透明度等。当前我国公信力低下，社会组织管理人员缺乏公益责任精神是公益伦理精神弱化的主要原因。

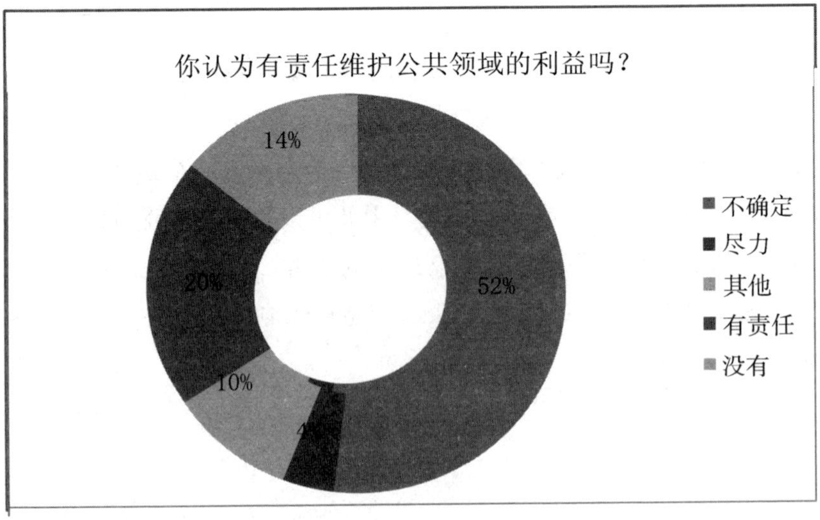

图4-6 关于维护公共利益的调查

图4－6调查的目的是检验公众在日常生活中对公共领域利益的责任态度。调查结果显示有52%的人认为自己没有责任维护公共领域的利益，仅有20%的人认为有责任去维护。由此可以看出，有大部分人缺乏对公益责任的正确认识。

三、公益参与的调查分析

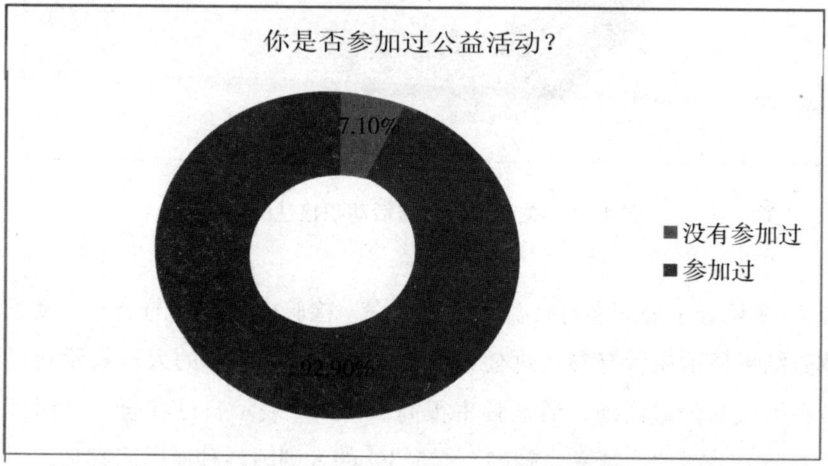

图4－7 关于是否参与公益活动的调查

图4－7主要调查了人们是否参与过公益活动，目的是为了检验人们是否参与公益实践。调查显示在问到“你是否参加过公益活动”时，回答“参加过”的人占92.9%；回答“没有参加过”的人占7.1%。从此项结果来看，有大部分人参加过公益活动，公益活动普及范围相对较广，能够为公益伦理精神的培育提供良好的群众基础。

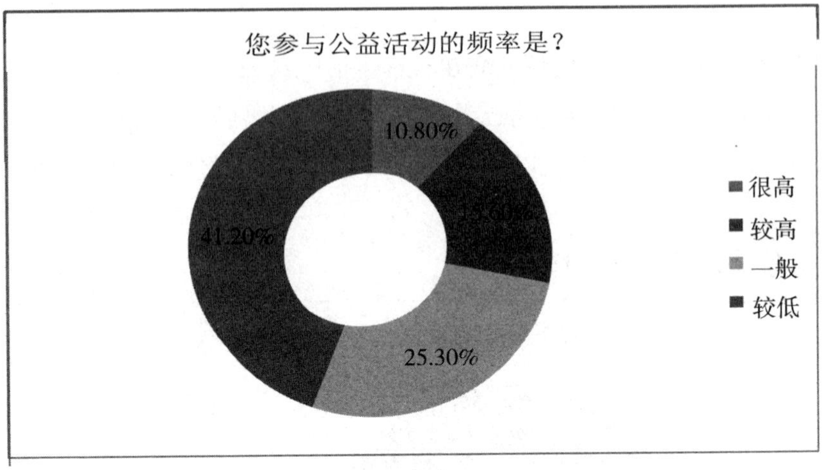

图 4－8　关于参与公益活动积极性的调查

图 4－8 调查了公众参与公益活动的频率，检验公众在参与公益活动的积极性。调查结果显示在所有参加过公益活动的人中，10.8% 的人群表示自己经常参与各种形式的公益活动，活动频率很高。15.6% 表示自己在合适的时间合适的机会参与公益活动，频率“较高”，25.3% 的人则因各种原因回答是“一般”，经过访谈多数人偶尔参加，41.2% 参与频率“较低”，仅仅为一到两次，且大多数是在单位的组织下参加。由此可以看出公众参与公益活动的积极性不高，公益参与程度相对较低，导致公益伦理精神的缺失。

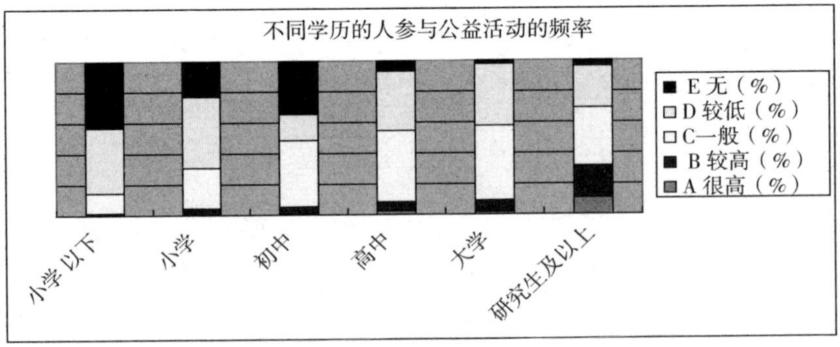

图 4－9　关于参与公益活动积极性的调查

图 4－9 主要调查不同教育层次的人参与公益活动的积极性。调查结果显示了不同从教育背景看，参与慈善活动的频率与学历高低总体成正比关系，随着学历的提高，参与公益活动的频率增高。由此可以得出，文化程度越高，参与公益活动的频率相对较高，公益教育对公益活动的开展有着重要的作用。受教育程度相对较低的人群，公益实践能力较低，缺乏积极的公益参与，是影响公益伦理精神的重要原因。

四、公益理念的调查分析

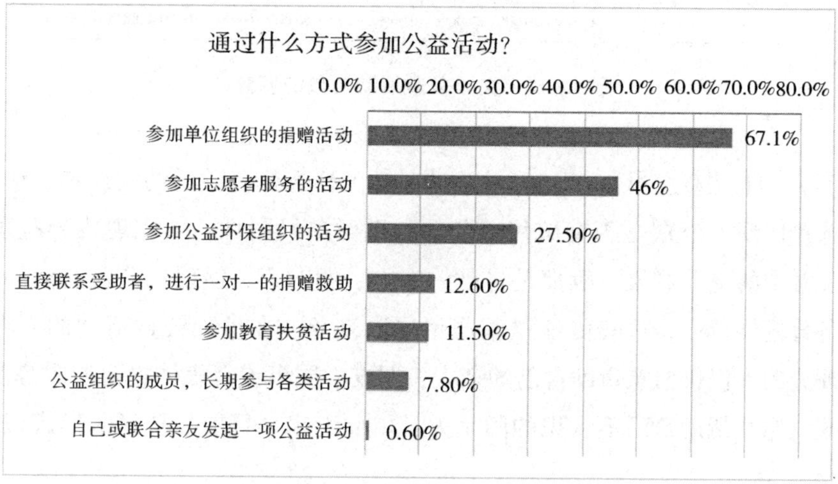

图 4－10　关于公益活动方式的调查

图 4－10 主要针对参与过公益活动的人群进行调查，目的是了解公众通过什么方式参与公益活动。调查显示大部分人参加公益活动的方式仅仅是慈善捐助活动和志愿者服务，而且服务的方式都显得较为单一。现代公益伦理精神的特征是长远性、治理性和发展性，然而调查中显示公众公益行动仍然是短期性扶贫为主，缺乏开创精神和从根本上解决问题的能力的培养，难以体现从“授人以鱼”向“授人以渔”的方式的转变。

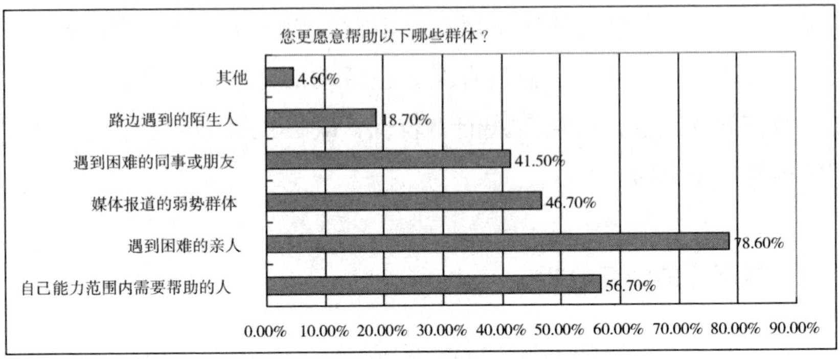

图 4－11　关于公益活动对象的调查

图 4－11 调查公众在参与公益活动时，怎样选择公益活动的对象。活动对象的选择体现了公众是否突破传统公益救助对象局限性，形成现代公益理念。传统公益中的受助对象一般都是自己的亲人、朋友等，但现代公益的活动对象应具备普遍性特征，打破传统“差序格局”现象。在参加公益活动的人群中，有大部分的人仅仅愿意帮助自己的亲人、朋友、同事或者媒体报道的弱势群体，较少的人愿意帮助自己不认识的陌生人，由此看出，目前公众尚未形成现代公益理念。

通过对不同行业、不同学历、不同阶层的人的公益伦理精神的调查，我们对当前我国公益伦理精神的现状和存在问题有了全面深入的认识。现代公益事业在我国起步较晚，总体上还十分落后，其发展中还存在一系列亟待解决的问题，如公益意识薄弱、缺乏足够的公信力、开展的公益活动方式单一等问题，调查结果显示的这些问题为我们培育公益伦理精神提供了有效的依据。

第二节　公益伦理精神缺失的原因

通过对当前中国公益伦理精神的现状调查，我们了解了当代中国公益伦理精神在时代背景之下产生了许多积极的方面，但是也存在着许多问题。因此，深入查找公益伦理精神出现问题的原因，有助于我们更好地培育公益伦理精神。

一、公益认知错位

社会意识是对社会存在的能动反映，是随着社会存在的发展或早或迟会发生相应的变化，它的产生和发展始终依赖于社会交往和社会实践，社会历史的产生和发展是人类意识产生和发展的决定性条件。人的实践活动直接规定着意识的本质和结构，并构成了意识产生和发展的根本动力。正如恩格斯指出的："人的意识、人的思维的最本质和最切近的基础，正是人所引起的自然界的变化，而不是自然界本身；人的智力是按照如何学会改变自然界而发展的。"公益认知是人们对公益的一种基本的认识，是社会意识的构成部分，它的孕育、产生和成长是与之相关的社会存在决定的，是人类在物质资料的生产实践活动中产生、形成的，是形成公益伦理精神的基础。

当代中国人的公益认知仍然受到中国传统的经济、政治、文化等原因的影响，对公益的认知停留于表层，或者甚至于有些错误的认知。公益伦理精神体现于对整个社会需要帮助的某些特定群体或与人类发展密切相关的，如教育、环境、卫生等问题的实践中所展现的心理态度、价值观念和人格品质。公益不是一般意义上的做好事，不是简单的帮助左邻右舍，而是进入整个社会（或其中一部分）的需求的层面上，进入陌生人那里。它不再局限于家庭之中，不再局限于家族之中，不再局限于非正式的交往行动中，而是一个普通的人与整个社会的公共层面的联系。这样的精神品质体现于社会实践中是一种博爱、奉献的精神，而根据调查显示，我们发现许多人在公益伦理精神上的缺乏源于对公益的最根本的认知上的错位，究其原因，与中国传统慈善文化中的某些落后观念的延续传承分不开。

中国古代慈善文化是建立在"差序格局"的社会关系之上，"差序格局"即人与人之间因血缘关系而被区分出先后、远近、亲疏的区别，彼此之间的爱也存在着先后、远近、亲疏之别。中国人的"爱人"遵循的是"特殊主义"原则，而不是公益伦理精神所体现的博爱，而是"因人而已"的爱。中国人的心中，能够成为帮助对象的，一般是自己生活的族类、自己的亲人、朋友、街坊邻里这样的顺序，是一种由近及远、由亲到疏的顺序格局，这种关系结构之上的爱的奉献是建立在两者之间具备的“特殊关系”为基础的爱，对于陌生人，一般不会成为自己行驶公益、慈善、救助的选择对象，由此我们通过调查结果至今仍然可以看出很少有人愿意去帮助一个不认识的陌生人。在这样的文化的指引下，中国传统的财富观一直遵循着“血缘内继替、代际间分配”的原则，个人所创造的财富均由子孙后代来继承，因此这样的狭隘的财富观使很多人将遗产留予子孙后代，这种家族财产继承方式成了中国从慈善走向公益道路上的障碍，阻碍了传统的慈善救助精神形成体系，向普遍化的公益行动转化。特别在中国两千多年的封建专制统治下，人们一直生活在法制不健全，法制意识较为薄弱，私有财产没有得到相应的保护，人们对财产的占有没有安全感的状况之中。隐富、藏富的封建意识观念和公益伦理精神中所要求的对财富的乐观态度和积极态度相背离，公益伦理精神难以形成。中华人民共和国建立初期，慈善事业主要表现为政府包揽的全体社会成员最大限度的就业、全体社会成员享有政府给予的相同的基本福利、全国各地发生各种大小灾害均由政府救助。长期的计划经济体制局面，政府在慈善事业发展中扮演主角，这使得个人和社会都形成对政府的依赖心理。受新中国建立初期对慈善的错误认识以及我国社会保障体制模式的影响，造成了民间慈善组织在我国的消失，人们对慈善逐渐变得陌生，并且直接导致慈善文化的断裂。

公益精神形成与发展是由本民族的历史背景和生产力的发展状况所决定的。由此可以看出，中国传统文化中的某些落后的观念，如“差序格局”的爱的奉献，“血缘内继替、代际间分配”等非理性的财富观使许多公众因此对公益产生了错误的认知，认为公益仅仅表现为对与自己有特殊关系的如亲人、朋友、左邻右舍等的救助，或是简单的捐助，有的甚至把富人的公益捐赠视为均贫富的手段，因而产生不切实际的期待，以某些排行榜公布的富人的身价与其公开的捐赠数额的比例作为衡量标准，据此作为道德判断。缺乏对公益本质上的认知，即公益的目的不是均贫富，也不能从根本上解决社会贫富差距问题。它只是一种缓解的手段；公益是对整个社会的普遍的博爱之心的体现，是致力于从根本上找到原因并解决问题，而不是简单的扶贫救助，而是扩展到与整个人类幸福和谐的所有的切身利益相关的问题。

二、公益信仰缺失

信仰是人类特有的一种精神现象，是人们价值观念的一种基本形式，它是伴随人类社会实践和自我意识的产生而形成和发展起来的。人类在改造自然的实践活动中，逐渐形成了对周围世界的主观认识，并依据自己内在的价值标准形成相应的价值判断，对于自己认为最高的价值的对象，人们往往坚信不疑，并积极追求这一目标的实现，由此而形成信仰。公益信仰是建立在人们生活的共同体中在道德实践上形成的对共同体利益的一种主观认识上的价值判断，是形成公益伦理精神的必要条件，一旦缺乏这样的正确的价值判断，缺乏这样的信仰，公益伦理精神的形成将是空中楼阁，无法实现。

改革开放之后，我国逐渐从国家高度控制生产资料分配的计划经济时代转向市场调控资源分配的市场经济时期。市场经济中商品交换的契约签订、等价交换赋予了人们自由、平等的地位，个体利益的实现产生于人与人之间的交往之中，人们之间关系更加密切，这样的经济交换活动实现了人的主体性地位的高度提升，人的个体利益追求得到了彰显。然而由于对外开放的进一步扩大，中国发展逐渐融合于世界发展之中，经济一体化、政治多元化、信息全球化不断地深入影响着人们的日常生活，这样的进程中，世界形势更加复杂，各种不稳定的因素有增无减，霸权主义和强权政治仍然存在并寻求新的发展，因此西方国家不断地企图对社会主义国家实行“和平演变”政策。有些西方发达国家凭借文化传播能力的优势，通过种种传播手段，向中国输入“鸦片文化”，输送其政治制度、价值观念乃至文化和生活方式，导致了当今中国社会出现了许多人追名逐利、贪图享受，丝毫不关注国家利益、集体利益，甚至为了自己的一己私利，不惜损害国家、集体利益，人们的现实生活被日益浓厚的市场气氛所笼罩，每个人的行为和人格趋向于市场化，人生的选择被市场的利益角逐所指引，而非人生信念加以导引，造成社会风气败坏，道德冷漠，人与人之间缺乏友爱、关怀，他人成为主体达到自己目的的手段，人与人之间的关系更多地体现为一种利益需求的关系，公益伦理精神中所需要的博爱、奉献、利他的公益信仰缺失。

当代中国经过三四十多年的经济体制改革，进入市场经济深入发展的时代，人们从高度束缚的计划经济中解脱出来，特别是从过去追求个体物质利益的低位排斥到如今成为所有人的正当的追求，成了对个人正当需求的捍卫，享受到了前所未有的自由、主体地位的提升和物质丰富带来的快乐。这本来应该为公益伦理精神的培育和形成提供良好的环境，然而，我们也看到了，许多人在追逐物质利益的路途上忘记慰藉精神上的需求，过度地追求物质上的享受，他人都成了自己实现物质利益的工具，人与人之间缺乏关爱、友善、信任、责任，公益伦理精神孕育的根基被任意践踏，公共领域本应成为公益的最好的形成土壤，却变成人们实现个人利益的角逐之地，公益伦理精神形成如何可能?

三、公益教育落后

公益伦理精神的形成是一种理性指引下的精神自觉，这一精神需通过长期的社会教育、学校教育和实践教育才能形成。公益教育属于公民教育的一部分，包含了培养公众的公益意识，陶冶公益情操，塑造公益意志，确立公益信念，养成公益习惯。使人们在公共领域中或面对社会特殊群体时，养成公益实践的习惯，自觉遵守公共领域的规范，能够做到从心所欲而不逾矩。但是我国由于历史上的政治、经济、文化等各方面的原因，导致我国公益教育相对落后，影响现代公益伦理精神的形成。

马克思指出利益是一切道德形成的基础，一切道德的形成都是当时社会经济状况形成的产物，因此，社会的经济制度对于公益教育的性质和具体内容有直接的决定作用。我国封建社会时期长达几千年，这一时期一直是自给自足的小农自然经济，人与人之间的交往较为有限，财富大多集中于少数大家族、大官僚，老百姓的物质条件极度匮乏，难以有条件去参与公益活动，公益教育也相对较为落后。中华人民共和国成立以后，我国在经济上实行的是国家统一掌握生产和消费资料，国家统一分配生产和消费资料，人们在个人利益观念上较为淡薄，因此，缺乏利益为动力的公益教育一直以来受到人们的忽视。人们缺乏对公与私之间的意识，对公益和社会特殊群体的活动缺乏责任和义务的意识。这样的经济体制下，人们缺乏应有的主体性思维，缺乏责任意识。公益教育也难以受到国家主管部门和广大民众的重视，公益教育形同虚设，没有真正地发挥起一个社会组织应当发挥的作用，这些经济上的因素是我国公益教育落后的最主要的原因。

政治制度的建立是公益教育发展的体制保障。我国封建社会时期是高度集权的政治体制，这一集权体制下公益教育的目的是为统治阶层服务。这一时期的公益教育是为统治阶层服务，目标只有集体利益和国家利益，缺乏对个人利益的正确看待和关照，因此，公益教育缺乏应有的制度保障，仅仅成为统治阶级维护统治的方式之一。从中华人民共和国成立后到改革开放前的这一时期，我国在公益教育上过多关注意识形态上的教育，重视政治教育而缺乏对学生的公民教育。公益教育的方式更多的是通过理论灌输，缺乏与人们生活实际相结合，甚至出现了假、大、空的局面。这导致我国公益教育在这一时期缺乏针对性，因过度强调国家、社会整体利益，使公益教育脱离实际，难以使人们从内心认同。这种脱离实际，缺乏实践的教育方式，导致公益教育水平相对低下。

教育与文化是一种共生关系，相互包含又相互影响，是一种相辅相成的关系。教育作为文化的表现方式，是文化中的一个重要的组成部分。我国公益教育落后也与几千年的封建落后文化有着密切的关系。中国封建文化思想是一种权利和等级制度下所造就的文化。这一文化以儒家文化为指导，过度强调国家、集体利益而忽视个体利益，人们有家族意识、臣民意识，却无公益意识。下层老百姓也受统治阶级的蛊惑形成了一种拜天、拜神的文化，甘愿承受不公平待遇。同时，自给自足的小农经济条件下，人与人之间交往较为狭窄。人们的交往只局限于家庭、宗族、邻里之间，因而，这种社会发展的局限性形成了封建社会时期差序格局的血缘关系。这种人际关系的形成深深地影响了这一时期公益意识的形成，很多公益慈善行为仅仅局限于家族、宗族或邻里之间。对待财富上，也形成了非理性的财富观，主张代际传承的财富观念，这就大大地削弱了公益教育的实效性，导致了我国目前公益教育的落后。

公益教育旨在培育受教育者的公益理念、公益心、公益能力与技能，使之自觉践履公益行动、为公众谋福祉。因此，它不仅是一种理论教育还是实践教育。而我国历史发展中经济、政治、文化的原因导致当前我国公益教育比较落后，影响了公益伦理精神的形成。

四、公益组织发展缓慢

精神形成于人们创造物质生活资料的实践之中。公益伦理精神是人的社会意识形态中群体意识的体现，它的形成是由社会存在所决定的，是人们在各种社会领域中实践凝聚而成。公益组织作为公益伦理精神的组织主体，伴随着人们在公共领域中的实践而形成。公益活动的正常开展与公益组织的发展壮大密不可分。公益组织的发展壮大能够促进公众积极参与公益实践，形成可持续的活动模式，推动公益活动有效开展，公益伦理精神也才能拥有形成的丰富土壤。然而，中国封建社会政治体制的原因造成公私领域不分，计划经济体制时期政治权力的过度覆盖，使公益组织发展缓慢，造成当代中国公益伦理精神的缺失。

中国历史上封建专制制度持续了几千年，这一专制制度下统治阶级为了巩固其统治基础，政治上通过专制制度压迫下层人民，社会组织的形成和发展缺乏制度保障。经济上控制生产资料和人民创造的物质财富，公益组织缺乏形成的物质保障。文化上误导人们，过度强调国家利益、集体利益，忽视人的个体私人领域空间，也缺乏对个人利益的追求和对他人利益的尊重。封建社会的专制制度使人们长期生活于统治阶层通过国家机器所设置的绝对公共空间中。由此造成人们一直生活在一种国家高度集权统治，私人领域被侵占，公私领域不分的环境中，公益组织也缺乏形成的内在动力和活力。“天下为公”的政治思想是中国古代的主导思想。“天下为公”最早见于《礼记·礼运》：“大道之行也，天下为公，选贤与能，讲信修睦，人不独亲其亲，不独子其子。使老有所终，幼有所长，鳏寡孤独废疾者皆有所养，男有分，女有归，货恶其弃于地也不必藏于己，力恶其不出于身也不必为己，是故谋闭而不兴，盗窃乱贼而不作，故外户而不闭，是谓大同。”这一理想世界是封建社会统治阶级为人们设想的一个人与人之间相亲相爱、相互帮助、不分彼此，社会安定有序，人民道德高尚，一片和谐美好的社会境界。然而这一美好思想却成为中国古代封建专制统治阶层用来奠定统治的政治合法性依据，是以“君权神授”为前提的，而不是通过人们的努力而达到的。而人们要达到这样的生活境界需完全听命于统治阶级，除此之外，封建社会统治阶级以儒家思想为指导，过度追逐“公”的利益实现，引导人们对“天命”的敬畏，对“天德”的膜拜。“民心”却得不到足够的重视，认为“民心无常”而“天命靡常”。在这样的政治环境中，人民需做到“无我”“无欲”“无私”，通过这种人格化的模式，人的主体性完全地消失殆尽，而合理性的“私”成了中国古代被压抑、革除的对象，“无私、无欲、无我”成为人们应当追求的理想境界，“私”成了万恶之源。君主则借助“天下为公”的政治手段和力量，把势力无限地延伸至社会文化、百姓生活的每一个角落。私人空间完全被挤压，形成了既无私人领域生活的空间，也无公共生活空间的立足之地，造成了私人生活与公共生活两无格局。中国古代政治体制上对“公”与“私”的误导，其真正目的仅仅是为了维护统治阶级少数人的利益，但却造成了中国在两千多年的人类发展进程中，“私”没有得到合理体认和适当的安顿，“公”也没有得到萌发的冲动和有序的展开，社会组织没有生存的空间和土壤。人们既无法为自己的私人利益获取保障，也无法正确地认知公共利益，因此，中国封建社会，公益组织缺乏产生和形成土壤，一直未能真正形成。

中华人民共和国成立之后，我国在政治上实行了多党合作协商的制度，政治权利覆盖整个社会的状况有了很大程度的缓解，但是政治仍然成为支配社会生活各领域的主导原则，社会独立性没有得到体现。计划经济下的单位制组织与准单位制组织的建立，是新中国建立后所形成的组织系统的明显特征之一。①这样的组织形式下，政企不分，个人、企业、集体都是国家组织的附属物，社会组织类型和组织方式相当单一，按照相同的模式和方式运行。所有的社会组织，不管是行政的、事业的或经济的、政治的，都统一由政府控制和管理，按照一定的行政隶属关系和一定的行政级别附着在国家这个机体上。“干部”“工人”“农民”等身份展示了强大的功能，形成了对人的支配，个人必须从属于某个整体，才能正常的生存。个人通过整体才能更好地得到承认，个人性格和利益等这些本来是与独立个体相联系的特征却必须首先和整体联系在一起才能实现，才能得到合法的证明。在这样高度政治化的社会结构中，政治权利形成的身份制成为具有决定性意义的东西，政府具有无所不能的行政权力和绝对的支配地位，社会职能依附于国家、依附于政治权利才能发展，丧失其独立性和自

① 路风：《单位：一种特殊的社会组织形式》，中国社会科学，1989年第1期。

由性，因此公益组织作为社会组织，其发展壮大受到了抑制。国家和单位承担了全部的社会福利和社会保障职责，几乎所有的灾害救助都由政府来实施，个人和社会都形成了对国家的依赖。公益组织的生存空间遭受挤压，由此建立在公益制度上的公益文化和公益伦理精神的形成受到抑制，公益伦理精神产生的公共领域土壤也难以形成，个人、集体社会等都是国家、政治权利的附着物，私人领域和公共领域都无法产生，人们对公益的基本的认知也无法产生。公益组织产生的人的主体地位得不到保障，公共领域空间也未能形成，这就造成了我国直到计划经济时期公益组织仍然未能得到很好的形成发展。

总之，公益组织是社会不断发展进步的产物，是人类文明程度提升的标志，是民间社会力量的展现。中国传统政治制度的集权专制和计划经济时期的引导，导致中国近代历史上大多数公益组织不是由民间自由产生，而是政府根据需要而设立的职能部门，如中国扶贫基金会、中国青少年发展基金会、中国儿童少年基金会等。这样的历史背景所产生的公益组织，组织成员仍然由政府任命，甚至有的工作成员还是国家公务员编制，活动经费和人员工资来源于国家财政。社会中大量的公益组织甚至不能登记、注册，更不能公开进行募捐的宣传和动员，公众也无法知晓那些少量得到政府认可的组织。这些具备官方背景的少量公益组织理所当然地接受社会机构的善款，由国家为其工作人员提供资金来源，通过借助政府系统获得在公众心中的威信和可靠性，既无外来的压力，也无内部竞争的压力，完全依赖政府财政和官僚体制的管理。这样的公益组织在管理机制上存在漏洞、缺陷，如中国红十字会的郭美美事件，“中国母亲”胡曼莉借慈善敛财事件，等等。如果政府财源减少就会出现难以为继，逐渐被边缘化而消失。所以这些种种情况导致我国公益组织的发展较为缓慢，影响了公益伦理精神的形成。

第三节　公益伦理精神缺失的影响

公益伦理精神是人类社会进入现代化，经济基础相对比较丰富，人与人之间的交往范围扩大，公共生活领域不断扩展和延伸的产物。现代化进程中公益伦理精神的缺失影响着人类文明程度的提升和日常生活的方方面面。

一、生态环境严重破坏

公共资源是一切被人们共同分享的、相对于私有资源而言的、能为人们提供公共服务的自然与社会资源，属于社会公有共用的生产或生活资料，是人类生产资源和生活资料的基本保障，是社会经济发展的物质基础，在社会全面发展进步中起着重要作用。公共资源包含自然资源和社会资源，自然资源主要是土地、水流、森林等生态环境类资源，社会资源是依附于自然资源、公共资产、公共设施、行政权力等基础性、专有性、公益性的资源。公共资源能否被合理、高效地使用与公益伦理精神有密切关系的。当前我国经济体制进入了市场经济向纵深发展的时期，与我国之前所实行的高度的计划经济体制相比，人们获得了前所未有的自由，交往活动的范围不断扩大，个体成为追求自身特殊利益的经济主体，人的主体利益地位上升。

自然环境是人类生活的最大的公共领域，是孕育公益伦理精神的重要场所。随着人类工业化革命的产生，现代化进程步伐的加快，自然环境能否得到可持续的发展，是人类共同体持续生存和发展的必要条件。当前我国公益伦理精神的缺失使得自然环境遭到前所未有的破坏。随着科学技术的进步和人类生产力的发展，人与自然的关系发生了根本性的变化，人口、资源、环境、经济、社会发展等出现了一系列尖锐的矛盾。人口剧增、能源短缺、温室效应、臭氧层破坏、大气污染、水资源匮乏、森林锐减、土地沙化、水土流失、物种灭绝等生态危机频频出现。而人的主体性的地位得到确认和提升，个体成为追求自身特殊利益的经济主体，公益伦理精神的缺失，使自然环境成为一种无本的资源，成为实现自身利益的工具。无限制的巧取豪夺成为常态，每个人都追求自身利益最大化，力求以最小的代价获取最大的利益，自然环境无限制的破坏成为他们实现自身利益的最小的代价，人类不合理活动正在使生态环境的退化趋向极限，同时也使人类自身陷于危险的生存困境之中。

社会资源是除了自然资源以外，用于公共服务的资源，如图书馆、学校、城市道路、城市公园等，这些公共设施和公共物品是人类长期生活积累创造的为公众所共有的资产，它能为人类的生存和发展创造必要的条件，是关系社会公共利益、关系人民群众生活质量、关系国民经济和社会可持续发展的资源。长期以来，我国公共社会资源属国家和集体所有，国家和集体对公共社会资源进行投资和管理，但实际上，这些公共社会资源在管理上还存在着产权不清和管理混乱的现象，而市场经济的求利性和竞争性导致了大多数人的公益伦理精神的缺失，诱发了许多管理者和使用者随意侵害公共资源，损害和危及社会的根本利益，出现了公共资源部门化、公共利益私人化的情况，公共社会资源的实际价值与其期望价值相背离，大量的公共资源被浪费、损害和占用，难以达到公共资源的效益最大化，真正使民众享受公共福利和公共利益。

公益伦理精神的缺失使人们过于追逐自己的一己私利，不惜破坏整个社会的公共利益，缺乏对公共利益的奉献和爱护之心，导致能源短缺、温室效应、臭氧层破坏、大气污染，公共资源闲置、浪费、占用、破坏。而且使用不合理，分配不均衡等各种各样的问题，对整个社会稳定和和谐产生极大的干扰和破坏。

二、社会矛盾凸显

公益伦理精神中内涵了人的向善的精神追求，体现了人对社会公共利益的奉献、对弱势群体的关爱、对国家的社会责任感，同时公益伦理精神也是市场经济体制运行过程中公平正义的体现和减小利益差距的手段。公益伦理精神的缺失将会导致社会贫富差距加大，社会弱势群体得不到及时有效的救助，道德风尚受到影响而冷漠、败坏，社会责任感丧失，加剧社会发展过程中的各种矛盾。

人类社会发展中的弱势群体是伴随社会发展而产生的，随着社会的不断向前发展，这一群体的人数将会逐渐减少，但是，按照社会公平正义的理念，保护弱势群体是社会公平正义的基本价值诉求，需使每个社会成员过上合乎人类尊严的生活。“作为人，我们都是平等的。我们作为个人是平等的，在人性上也是平等的。一个人，在人性和个性上都不可能超过他人或低于他人。我们认指他们作为人在尊严上的平等。……人生而平等的说法是真实的只限于能够实际证实人与人平等这个方面。也就是说，他们都是人，都具有人种的特性，尤其是他们都具有属于人种一切成员的特殊性质。”① “一切人，或至少是一个国家的一切公民，或一个社会成员，都应当有平等的政治地位和社会地位。”② 因而，社会公平正义的理念是所有社会组成成员都能享受到作为人拥有基本的平等和人的尊严。但是，考察社会是否达到公平正义是以社会组成成员中的弱势群体是否获得为标准的，“桥的承载力是根据最不牢靠的桥墩加以测定的，社会的质量乃是根据最弱的社会成员的福利状况加以测定的。”③ “考察我国社会各个领域的公正问题，既不能以富裕阶层为标准，也不能以绝大多数人的情况为标准，而是应当把弱势群体尤其是对不幸者的慈善救助，作为衡量的唯一尺度。”④ 社会弱势群体是社会的一个特殊群体，其基本的生存与发展问题若不能得到妥善解决，公正理念则无法实现，同时也会使社会安全、教育、卫生等各种问题凸显，贫富差距将会拉大，随之而来的各种各样的社会矛盾将会加剧。

三、社会核心价值观迷失

马克思、恩格斯指出：“任何人的职责、使命、任务就是全面地发展自己的能力，其中也包括思维的能力。”⑤ 个人的全面发展“使自己的成员能够全面发挥他们的得到全面发展的才能”⑥。公益行为中的价值体现于人们在通过自身的行为满足了弱势群体的精神需要，为弱势群体提供心灵的慰藉，通过这样扶贫济困、助人为乐、为人民服务的行为帮助了别人，也实现了自身的社会价值。人是自然与精神的聚合点，人的存在，是一种在物质基础上的精神存在，人的全面发展不仅要有物质上的富有，还需要在精神上不断地以一种积极的态度和执着的奋斗去创新的精神生活，克服其非精神的本质。物质和精神共同富有是人的全面发展不可缺少的条件。

中国社会主义市场经济的发展和向纵深不断推进，其内涵的自由交易和平

---

① ［美］艾德勒：《六大观念》，郗庆华等译，三联书店 1998 年版，第 200 页、202 页。

② 《马克思恩格斯选集》（第 3 卷），人民出版社 2012 年版，第 444 页。

③ ［英］齐格蒙特・鲍曼《现代性与矛盾性》，邵迎生译，商务印书馆 2003 年版，第 398 页。

④ 程立涛：《爱心实现与慈善救助的现代意义》，河南师范大学学报，2006 年第 3 期。

⑤ 《马克思恩格斯全集》（第 3 卷），人民出版社 1960 年版，第 330 页。

⑥ 《马克思恩格斯选集》（第 1 卷），人民出版社 2012 年版，第 243 页。

等交换使中国人解除了高度计划经济体制下的束缚，得到了更多的自由和平等，个人的主体性得到高度的提升，物质利益的追求得到合理的归位，每个人可以自由选择自己的理想和生活方式，然而，我们发现许多人在这样的环境中更多的追逐自己的物质利益和物质上的享受，注重于个人现实，不再去奉献、帮助别人，心中没有他人、集体和国家，忽略了精神世界的追求，精神世界却是荒芜的。虽然人们在物质财富上达到了前所未有的富足，但是我们却发现人们生活的富足对人们精神生活的质量改善作用并不明显，仍然感受不到快乐和幸福，人的全面发展更是无从谈起。人们对物质利益的追求显现了强烈的、贪婪的占有欲和消费欲，生活方式单一的表现为对物质的追逐。他们所建立的社会关系唯一的目的是为了实现个人的自私的目的，利益和权力的斗争充斥着他们之间所形成的社会关系。这样的环境之中，人和物、精神都成了商品，对事物的评价仅仅局限于物质的、金钱上的衡量和评价，物质的产品异化了人们精神上的追求。

精神因素是人的本质的自由的实现，人的精神世界的追求与人性的发展向度相适应，人的精神世界的善的获得，是人的全面发展的重要目标之一。当代中国人公益伦理精神的缺失显现了精神性层面发展的缺陷，同时也是每个人的全面发展道路上的障碍，我们只有不断地努力培育公益伦理精神，使国民形成人与人、人与自然、人与社会之间的向善的力量，形成充满奉献与友爱的人文环境，才能真正达到人的全面发展。

四、社会资本浪费

社会资本是除经济与人力资本之外的另一种资本表现形式，它指国家、社会、个人等相互间关系的状态和体现的特征，包括社会规范、社会信任、社会网络、整体行动的共识及社会道德等方面。

社会资本是形成于社会结构中的一种无形资本，主要是以建构人与人之间良好的合作关系，使社会效率提高，促进社会资源的有效整合来体现其价值。因此，社会资本主要依赖于人与人之间的和谐、诚信关系的形成，是生成于人际关系的结构之中，其未来的收益是通过人与各种组织之间的联系所产生。每一个人与该组织内其他人之间关系的和谐程度决定了他在该组织的社会资本。

每一个组织内部成员之间对某一目标的普遍认同和共同遵守规范的程度构成了每个人的社会资本。学者普特南在针对意大利中北部地区社会资本的调查中发现，这些地区人与人之间社会信任指数较高，能够形成良好的合作风气，是这些地区的人的社会资本财富。因此，人们统一行动的协调、物质资本的提高、人力资本的投入和形成的收益促进了这一地区的区域经济发展。学者福山指出社会资本是一种非正式的社会规范，促进了两个或更多的人之间良好关系的形成。每一个组织内部共同遵守社会规范的能力的强弱、组织对各成员的影响力、各成员之间凝聚力的大小构成了这一组织社会资本的多少。组织成员违反规范受到惩罚则使社会资本受到损失，而遵守公共的规范则会增加其社会资本。所以，社会信任的程度、社会规范的遵守效果等决定了社会资本的多少。人的社会属性的本质决定了人类生活是一种社会生活，人类的分工和协作推动了人类不断地向前发展。社会资本在人类现代化的进程中越来越显示着重要的角色，发挥着重要的作用。因此，人们只能在合作中不断地谋求生存和发展，特别是随着社会分工的不断细化，科技的不断创新，全球一体化程度不断加深，人们面临着日益复杂、日益增多的公共事务，公共生活领域不断的扩展，影响着人们的生活品质和社会的发展水平。社会资本的多少影响着人们的日常生活，影响着人类社会的进步，文明程度的提升。

公益伦理精神的缺失则会使人们在公共领域中为了自己的一己私利不惜伤害公共利益，甚至把公共利益据为己有，造成公共资源的浪费和不可持续的发展。由于人们都以自己的利益为首要前提，这会导致人与人之间的关系紧张，不和谐的因素增加，人与人之间缺乏信任，相互猜忌并陷入恶性循环，始终不能达成合作，增加人与人之间的交易成本，社会合作难以实现，社会成员缺乏实现共同目标的心理基础和强大的精神动力，社会资本受到极大的损失，难以发挥其重要作用。

第五章

当代中国公益伦理精神培育的现实基础

公益伦理精神作为社会意识形态的一种表现形式，产生于人的实践活动之中，它的形成和发展是随着社会的发展而不断变化的，具有时代性的特征。当代中国对外开放的继续深入，市场经济持续深入发展，为当代中国公益伦理精神的兴起创造了良好的条件。

第一节　社会主义市场经济的深入发展为公益伦理精神培育提供前提条件

马克思在《德意志意识形态》中指出："有生命的个人的存在是人类历史的第一个前提。个人怎样表现自己的生活，他们自己就怎样。……个人是什么样的，这取决于他们生产的物质条件。"① 公益伦理精神体现了人们相互间的社会交往过程中公利与私利的矛盾问题，体现的是人们在道德上、精神上的追求，而这一切仍然离不开人们的物质生活，离不开人们怎样生产和创造物质生活的条件。"人类道德的发展一步一步跟着经济的，它确切地适应着社会的实际需要。在这种意义下，可以也应当说，利益是道德的基础。"② 人类社会发展的历史进程中，道德的形成是建立在人们对物质生产资料的创造基础上，因此，认

---

① 《马克思恩格斯选集》（第 1 卷），人民出版社 2012 年版，第 67 页、68 页。

② ［苏］普列汉诺夫：《普列汉诺夫哲学著作选集》（第 2 卷），三联书店 1992 年版，第 48 页。

识道德的发展状况需要经济的运行过程中来剖析和提炼，并逐渐把它内化成每一个道德主体的自律需求。美国伦理学家 R. T. 诺兰在《伦理学与现实生活》中曾指出："每一种经济体制都有自己的道德基础，或至少有自己的道德含义。"① 马克思指出："一切以往的道德论归根到底都是当时的社会经济状况的产物。"② 市场经济的转型并不构成排斥道德原则的根据，道德其实为经济的正常运行提供有力的支撑，为经济运行中利益与公共利益之间的关系进行调节和规范。经济运行中的道德要求，是其运行发展的内在要求，同时也是人类社会不断发展进步的必然要求。社会主义市场经济是当代中国公益伦理精神培育的经济基础，只有正确地把握这一时代特征，才能建构符合时代发展的公益伦理精神。

一、生存方式的变化提升了人的主体性地位

社会主义市场经济体制中以市场决定资源分配为主的运行方式促使当代中国人民生存背景、生活方式、职业选择等都发生了翻天覆地的变化，赋予了当代中国人新的主体地位，推动具备时代特征的公益伦理精神的形成。

计划经济时期，国家调控经济运行，生产资料主要通过国家进行计划分配，个人在经济运行中发挥的作用较小，缺乏对生产资料、消费资料的支配权，劳动者生产产品的数量是由国家规定，消费产品也是由国家进行调控，劳动者个人没有选择的权利，也没有决定自身消费水平的权利，因而在生产的过程中人们缺乏积极性，人的主体性的活力难以得到激发。国家基本上对所有资源进行调控分配，包括人才资源的分配，因而大部分人终身都生活在一定的单位中，具有相对固定的单一身份，一生中几乎只从事一种职业，人的发展空间是封闭的，个人的智慧、潜能、创新精神等都受到组织、职业结构的禁锢，缺乏外部的压力和推动力，个人对自身的生活失去主动性，也不存在任何动力可言，阻碍了人的发展，造成人的发展的不公平性。人的能力、知识、技能等发展和创新缺乏相应的环境，企业缺乏完善的人才竞争和激励机制，人的主体性地位受

① ［美］R. T. 诺兰：《伦理学与现实生活》，华夏出版社 1988 年版，第 324 页。
② 《马克思恩格斯选集》（第 3 卷），人民出版社 2012 年版，第 435 页。

到忽视，主体性的精神难以得到正确的发挥，社会发展丧失最根本的精神动力。

社会主义市场经济的背景下，人对资源拥有支配权、分配权，积极性得到提升，人们依据自己的兴趣、爱好自主选择参与人才的选拔竞争。人们在职业的选择和竞争的过程中起决定作用的是个体实力和能力水平。每个人都面对公平的竞争机会，不再受到政治身份的限制，因而，人们会更加注重后天的努力和奋斗。劳动力成为价值交换的商品，职业去掉了曾经的身份功能，仅是谋生的手段。人的生存角色取向呈现多重化的趋势，每个人选择职业的方式和能够选择的职业范围都呈现多样化的趋势，而且人们可根据自己的需要和能力同时兼职选择多样的职业。较之于过去，职业出现了易变性和交叉性的特征，赋予了人们自由、独立和平等的精神。人们努力进取的意识愈加强烈，主体性的地位得以确定，主体性的意义追寻得到多渠道的实现。

同时，人们的生活方式发生了深刻的变化，劳动者既是生产资料的所有者又是管理者，是经济发展的受益者和发展成果的享有者，每个人对社会资源的选择和利用建立在公平的竞争机制上，是否选取相应的社会资源取决于自己的能力和意愿，人与人之间契约关系逐渐形成，人的主体性和独立性得到彰显。人的需求不断得以激高，需求层次不断提升，人克服矛盾的动力不断得到强化，促使人们不断改进劳动工具，提高劳动质量，从而使人的能力和素质不断得以提高、人的个性得到张扬，人的主体人格得到尊重、主体地位得以提升、主体权利得到保证，人的独立、自主、创新、竞争等意识等不断增强，人的主体性得到了充分的体现。

二、商品交换促使权利与责任的统一

当代中国市场经济的深入发展中，人与人之间的交往愈加密切，市场经济运行中权利和责任意识的实践统一为当代中国公益伦理精神的兴起提供了必要条件。马克思早就指出："一个人有责任不仅为自己本人，而且为每一个履行自己义务的人要求人权和公民权。没有无义务的权利，也没有无权利的义务。"①黑格尔也指出："道德之所以是道德，全在于具有知道自己履行了责任这样一种

① 《马克思恩格斯全集》(第16卷)，人民出版社1965年版，第16页。

意识。”①

社会主义市场经济深入发展，使商品交换过程中政府的角色从计划经济时期的管理转向了引导，人们获得了更多的自主权。市场经济运行中商品交换的前提是人们拥有产品的财产所有权，并且拥有对财产所有权支配的自由意志。交换的过程实际上就是商品的财产所有权的转让的过程。契约的签订表明缔约双方根据各自的需求形成了共同的意志，共同意志内涵了交换双方认可各自的权利和义务，彼此各尽职责，各尽义务，在这样的签订过程中内涵了一种权利和义务的关系，那就是需为自己决定的契约索取应当得到的权利，同时也应当付出契约中所规定的义务。这样的过程首先体现了人们对自身拥有产品的财产所有权的认定，同时在交换的过程中，当按照签订的契约进行交换，作为商品的拥有者应该有义务为对方提供相应的约定义务，也就是双方均有权利要求对方提供相应的义务。因此，人们在自觉履行义务和享有权利的过程中逐渐培养相应的权利与责任意识，形成了特有的权利与责任思想的实践统一。权利与义务的变化贯穿了整个商品交换的过程之中。市场交换从表面上来看，交换的是一种有形的商品，其实交换的是商品覆盖下的权利，是一种权利的转让，所有权的让渡。与权利共生共存的则是义务，在获取他人商品的所有权时，应根据他人意志提供相应的商品和服务。由此，社会主义市场经济的运行中，商品交换的前提是人与人之间在相互平等的地位上达成了契约，契约的签订也是双方的自由意志的展现，契约的内容是人们在平等的前提下，通过自己自由意志的决定，而最终达成。这种商品的交换、契约的签订使人与人之间的交往愈加密切，每个人在市场交换中的行为都会直接或间接地影响到他人，影响到整个经济秩序的良性发展。因此，每个人在市场经济运行中的行为规范都应当建立在对自己、他人、市场的责任意识基础之上，责任意识使每个人协调自己的行为以及与他人更好地交往而达成相互的目的。市场经济的良好发展需建立在友好和谐的人际关系以及人们相互之间的较强的责任感之上，因此，责任意识是人们形成良好人际关系的基础，是市场经济中道德形成的内在依据和重要基础，

① ［德］黑格尔：《精神现象学》（下卷），贺麟、王玖兴译，商务印书馆 1978 年版，第 168 页。

责任意识与道德形成是相互依存的。商品交换过程中，每个人维护自己平等的交易地位和交换应得到的所有权是获取权利的体现，同时尊重交换对方的平等的自由的交易地位和对方应得到的正当权利也是我们应尽的义务。权利和义务是一对孪生兄弟，获取权利的同时则应当承担我们应尽的义务。当前我国市场经济的发展，赋予了当代中国人享有高度的自由和权利，但也为之提出了同样的义务和责任。

其实，公益伦理精神中内涵了责任的精神，即对他人、社会、国家的自觉的责任感，是公民作为国家的一员，应承担义务的自觉认同、积极回应和内在自律，是每一个公民都必须承担的道德义务的理性体现和享有权利的题中应有之义。同时，公益伦理精神体现了每一个公民为实现共同体利益有可能承担一定的意外负担和牺牲，以社会责任感来约束公民的权利，公民负有满足这一要求的义务。这就需要在责任意识的引导下正确行使每一个公民的权利，以对国家发展尽责，促使每一个公民关心公共事务，维护国家利益。如此商品交换过程中所体现的义务的升华形成社会责任感，而这样的社会责任感对于促进公益伦理精神的形成是一个不可缺少的重要条件。因此，在商品交换中内涵了权利与义务、自由与责任的价值追求，与公益伦理精神的价值追求是内在的逻辑统一的，因而成了当代公益伦理精神培育的前提所在。

三、契约精神引导公益理性价值观的形成

契约签订的前提是双方各自都具有自由的意志，不是在遭受外力的干扰和强迫下的签订。在这样的自由意志的支配下，双方根据自己的需要选择签订契约的对象，每个人都以获取对方的所有权为目的，因此自己的所有权也成为对方的目的，这就出现了两个具有自由意志的个体间的交换关系。并且双方的自由意志达成一致意见时，契约才能签订成立，相互交换所有权才能成功。

社会主义市场经济是在公有制为基础，市场对资源配置起决定性作用的经济体制，经济利润作为生产和投资决算中的主导力量，居于支配地位，生产过程中的产品、劳动、知识、资本和产权实现商品化。商品交换遵守等价交换和自愿交换原则，卖者和买者之间遵循有支出就有回报的等价补偿原则，市场价格是在生产者、消费者、生产要素的所有者等各方的意愿之下通过协商，达成

契约形成的。在这样的运行环境下，经济行为主体必须把追求自身利益的愿望与交换另一方的利益结合起来，不仅要关心自己的支出所应得到的回报，还应该使他人的支出也得到相应的回报，才能真正实现自己的利益诉求。马克思分析说："一切产品和活动转化为交换价值，……每个人的生产，依赖于其他一切人的生产；同样，他的产品转化为他本人的生活资料，也要依赖于其他一切人的消费。"① 商品的交换与契约签订的过程中，交换双方为了实现各自的目的，既要致力于自己的目的的实现，也同时要考虑交换对方的目的实现，只有双方都能彼此兼顾实现双方的愿望，协议才能达成，契约才能签订。

社会主义市场经济的运行方式抛弃了计划经济中过多的人为因素，运行过程中劳动产品交换双方都通过契约的方式达成一致的观点，使各方的利益都能相应地的实现，人的主体性地位得到了高度的提升，物质利益的需求也得到了合理的满足。劳动者生产产品的目的是想通过交换实现其使用价值，达到提高劳动者消费水平和获得更多产品的目的，因而只有生产更多适合市场的产品。这样的经济运行方式，是人们根据消费现状、他人的需要决定生产计划，人们相互之间交换的内容、水平和潜在的需求等综合因素成为商品生产的主导因素。因此，交换各方形成了一个共同利益体，各方的利益都要在彼此认同的契约下才能实现。每个人都为了追求和满足自我正当利益，自觉按照理性的法则而努力奋斗。市场运行中人与人之间达成了相互统一的契约关系，理性地看待双方的利益，期望达到互利共赢的结果，才能真正实现自己的利益。这体现了市场经济环境下人与人之间竞争的开放性和平等性。每个人虽然坚持个体物质利益原则，但买卖双方又不能不把对方当作自己的目的，于是也就形成了利他的客观基础，建立在利益取向下不得不为之的他律逐渐转化为道德约束。当人们把市场运行的法律、法规、制度、规范、行为准则内化为自己的自觉要求的时候，非道德的他律性就转化为道德的自律性了，理性的价值观也逐渐形成。

黑格尔指出人唯有在所有权中才作为理性而存在的。当前我国逐渐转型的社会主义市场经济体制中所内涵的契约关系逐渐形成，每个人在满足自己的愿望的同时也需顾忌到别人的利益的实现，必须以一种理性的精神看待自己的需

① 《马克思恩格斯全集》（第46卷上），人民出版社1979年版，第102页。

求，这样的需求的实现与别人的需求形成了利益的共同体，这一运行方式促进了社会主义市场经济体制下人的理性价值观的形成，“每个人都知道社会的普遍繁荣与他们本身的幸福是一致的，每个人都习惯于把社会的繁荣看作自己的劳动成果，每个人都认为公共的财富也有他们的一份，并愿意为国家的富强而效劳”①，这为现代公益伦理精神形成创造了必要条件。

第二节　政治体制改革为公益伦理精神培育形成制度支撑

政治体制改革是当前我国推进社会发展、建构和谐社会的重要措施之一。政治体制改革的目标是建构一个公平法治、互相帮助的和谐友爱的社会，这样的目标，为公益伦理精神的培育提供了正确的政治导向、建构了合理的管理机制，最大限度地发挥了公益组织的内在活力，扩宽了多渠道的公益活动参与方式。

一、共同富裕指引公益伦理精神的培育目标

中国共产党是一个立党为公、执政为民的为人民大众谋利益的政党。在其实践的过程中，坚持社会主义基本原则，带领广大人民先富带动后富，最终实现共同富裕，是中国共产党始终不变的努力方向和奋斗目标。共同富裕不是实行平均主义，也不是劫富济贫，这其中就内涵了先富之人应该具有助人为乐、互相帮助的思想，具有积极奉献精神，这既是公益伦理精神的内在要义，也是公益伦理精神培育的指引方向。

正是在这一思想的指导下，中国共产党带领中国人民不仅进行了社会主义市场经济的改革，还进行了民主法治的政治体制改革。因为在经济上一部分人先富的情况下，应该以民主法治作为保障，才能实现公平正义，实现共同富裕的目标。这也是社会主义和谐社会其他方面内涵得以形成和发展的政治前提和法治保障，是我们建设社会主义和谐社会的政治前提和法治保障。民主也是人

① ［法］托克维尔：《论美国的民主》，商务印书馆1992年版，第271页。

类政治文明程度的直接体现和考量标准，民主是人类梦寐以求的一种良好政治状态。民主与法治的改革目标为公益伦理精神的培育提供了良好的政治体制环境，邓小平曾指出：“制度好可以使坏人无法任意横行，制度不好使好人无法充分做好事，甚至会走向反面。”① 民主法治的政治体制改革以共同富裕为目标，努力实现社会公平正义，为公益伦理精神的培育提供了一个既激发活力又时时规范自身的良好的政治环境，使其在正确的引导下不断发展进步。

实现公平正义就是要使社会各阶层的利益都能够得到相应实现，以共同富裕为目标，贫富差距不能过大，社会矛盾能够有效化解。社会矛盾的最根本的原因是利益，只有妥善协调好社会各个阶层、群体的利益关系才能实现社会的公平正义。中国共产党作为我国的执政党，党的宗旨和性质客观上要求党的各项工作和所有的方针和政策都是以最大多数人民的切身利益为工作的出发点，以实现最大多数人民群众的利益为工作目标。十八大报告明确指出初次分配和再分配都要兼顾效率和公平，再分配更加注重公平。在初次分配机制中的资本、管理、技术等相关要素是以贡献为标准进行分配，但在这一过程中造成的收入差距进而形成的不公平现象应该尽快以税收、社保等方式进行再分配，深化企业和机关事业单位工资制度改革，对各阶层人民的合法收入应给予法律的保障，但对于因各种自然原因等影响下的低收入的人群，给予扶持和帮助，对过高收入的阶层，应通过国家经济政策等各种方式进行调节，坚决取消和打击不合法收入。政治体制改革的目标与公益伦理精神的目标的内在一致性，体现了中国共产党以人民大众的切身利益的实现为出发点，努力实现民主法治、公平正义的和谐社会。这一政治体制的改革坚持走共同富裕道路，健全基本公共服务体系，加强和创新社会管理，为公益伦理精神培育提供正确政治导向和制度的支撑。

公益伦理精神的培育在这样的政治制度的支撑下，以公益活动为实践转移社会财富和资源给予需要救助的群体，促进国民收入进行再分配，在一定程度上缓解社会收入差距，调整贫富差距，努力从根本上解决社会公平正义缺失问题，促进社会健康和谐发展。共同富裕的目标还引导公益伦理精神遵循利他主

① 《邓小平文选》（第2卷），人民出版社1994年版，第322页。

义和人道主义的价值理念，维护社会弱势群体的利益、社会整体利益乃至于全人类的利益，使更多的人致力于社会公益性事业，关注那些被政府忽略的重大社会问题，如消除贫困、保护环境、实施人道主义救援等。公益伦理精神的培育使公益活动参与人员逐渐形成共同公益性目标和高度的社会责任感，形成对公共利益的共同实现和对公共价值的共同取向，追求的是社会的公平和公正，奉行的是利他和社会公益伦理精神，树立起使命意识，有利于使政治制度更加稳固。

二、社会治理促进公益组织民主管理体制的形成

2013 年 11 月十八届三中全会通过《中共中央关于全面深化改革若干重大问题的决定》，在这一决定中，中国共产党从全方位开启了新的一轮改革，提出要进行社会领域的改革，这一改革应以保障和改善民生为目标，通过深化社会体制改革，改革社会分配制度，更进一步实现公平正义，促进共同富裕。特别指出在社会领域进行制度创新，使各领域各阶层都能均等享受公共服务，努力形成科学有效的社会治理体制。这标志着我国的政治体制改革中的社会建设与社会改革工作有了全新的方向，从传统的“社会管理”转向了“社会治理”，“社会治理”成了政府在处理社会公共事务中的核心理念。

公益组织也属于公共事务的实践部门，管理向治理的转变，也给公益组织的实践活动的开展带来了质的转变。从“社会管理”到“社会治理”仅仅一字之差，却体现了政府促进社会协同参与公共事务的政策结构转变。“管理”体现的是公权力对社会事务的全面掌管及对公共资源分配的绝对处置权；而“治理”更多地体现了政府、社会组织、公民等多元主体平等参与社会事务和对公共资源分配的协同合作。从社会管理转向社会治理，表明了各类社会组织将成为公共物品与服务的提供者与维护者。在更深层次上，公益组织作为社会组织的重要组成部分将成为社会治理的重要主体。社会体制改革的这一理念转型，对释放社会组织的能量具有非常重大的意义，尤其是作为社会组织重要组成部分的公益慈善组织将首先获得跨越式的发展。近年来，公益慈善组织已经开始承担起了一定的社会服务职能。社会治理模式的兴起，将会使公益慈善组织的职能进一步扩大，逐渐剥离了具体服务职能的政府，将通过政府购买、税收减免等

方式，为公益慈善组织提供支持。同时，由于需要大量的公益慈善组织参与社会治理，公益慈善组织的登记管理在未来将会变得更加便捷，公益慈善组织的发展空间将会更为广阔。2013 年公益组织已经进入参与社会治理的基本进程。我国公益组织总数在这一年里突破了50 万家，非公募基金会超过了2000 家；公益行业内的枢纽型组织宣告成立；从国家领导人到普通公众在公益参与方面热情高涨；整个公益行业共同致力于推动信息公开工作，构建自身公信力。公益行业在 2013 年展现的全新变化，标志整个公益界正在全面进入中国社会体制改革的轨道，并为迎接社会治理时代的到来而自觉强化业界的结构与机制。2013 年国家发布了《国务院机构改革和职能转变方案》，文件中特别指出了对公益慈善类、行业协会、商会、社区服务类等社会组织进行重点培育和优先发展。这些组织的成立可以通过民政部门依据相关法律法规进行合法申请登记，不再给业务主管单位审查同意。至此，公益慈善组织直接登记，终将在国家层面展开。2013 年底的中共十八三中全会《决定》中，更是明确提出重点培育和优先发展公益慈善等类型社会组织，成立时直接登记。

政治体制改革中社会组织的管理方式的转变，重新建构了公益组织管理机制，使政府部门与公益组织形成良好的建设性关系。政府在对社会组织的管理上不再是全能政府，在社会领域政府转变角色，成为有限政府，不再大包大揽，公共利益的实现和公共服务提供不再只依靠政府，包括公益组织在内的社会组织将会扮演重要的角色，发挥更加重要的作用，这就激发了公益组织的内在活力，促进了公益伦理精神培育。

三、协商民主拓宽公益伦理精神的培育渠道

公益伦理精神的培育需要人们通过公益实践才能形成，因此，积极参与公益活动是培育公益伦理精神的实现途径。中国政治体制改革中协商民主的具体实践，为公益伦理精神培育中提供了多渠道的实践方式。协商民主是中国共产党不断追求政治民主的最新实践，各阶层人民拥有了更加便捷的参政渠道，国家、社会组织与人民建构了更加民主的关系，这一政策实施是建立在承认各阶层人民之间的差异性和多元性，以人民大众之间的公共理性和相互信任为基础，通过对话协商的方式，坚持以容纳和兼容的原则协调人民大众的利益矛盾，最

终达到社会共识的新型的民主形态。

政治协商制度是我国的一项基本政治制度。政治协商和协商民主都是民主协商制度的具体展现。中国共产党是代表最广大人民利益的政党，因此在其执政中坚决以民主协商的准则对国家的经济和政治发展的重大问题及人民大众的切身利益问题进行协商，发扬民主，听取各阶层人民大众的意见和建议。1991年江泽民同志在全国“两会”中共党员负责人会议上首次提出，应通过广大人民群众选举和投票的方式和在此之前进行充分协商的方式行使他们参政议政的权利，各表达阶层人民的诉求，最终形成一致的意见。2006年中共中央在《关于加强人民政协工作的意见》再一次重申了这一思想。2007年在国务院颁布的《中国的政党制度》中正式指出社会主义民主是通过选举民主和协商民主相结合的方式来实现。2012年中国共产党在十八大报告中提出了社会主义协商民主制度，把协商民主的制度从国家层面正式确立，并在其后的十八届三中全会上进行部署，力争包括广泛的协商主体，使这一制度真正能够体现民主的思想。协商民主包括了社会不同阶层不同领域的群众，能够体现各阶层人民的利益诉求，社会组织也成了协商主体的主要构成部分。协商民主与政治协商相比进一步拓宽了协商的渠道，政治协商一般作用于执政党和参政党或是通过人民政协的渠道，同各党派团体和各族各界代表人士的协商，共同协商国家的方针、政策等。但协商民主不仅包括了国家机关、各级政协组织，还包含了社会组织、基层组织等，作为培育公益伦理精神的主要承担者公益组织可以更好更直接地表达愿望。协商民主在形式上更加多样化，行政协商、社会协商等，使社会组织更好地发展壮大，拓宽了公益实践的渠道。协商民主不仅协商国家大政方针，还关注许多具体的人民群众切身利益的问题。由此可以看出，协商民主使协商主体出现了多样化的趋势，社会组织也成为国家政策决定过程中协商的一个重要的主体。因此，在有关公益的各项政策的决策时，因为社会组织的参与，将会使政策的决定更加符合当前的实际需要，使之更好地促进公益伦理精神的培育。《中共中央关于全面深化改革若干重大问题的决定》提出，正确处理政府和社会之间的关系，推进政社分离，明确社会组织的权利和责任，在一定范围内实行自治，充分发挥社会组织的作用，激发社会组织的活力。协商民主激发了公民积极参与社会领域实践，为公民积极参与公益活动创造了各种渠道和平台。科恩指出“理想的公共协商应该遵循自由、平等、理性与合法性的原则；……协商是理性的，……协商目标是实现理想性驱动的共识……”①。

协商民主的形成和发展建立在人民积极参与国家事务的基础之上，因而协商民主的践行促进了各种各样的社会组织，如公益基金会、志愿者服务组织、慈善机构的建立，为他们提供有效、便捷的实践通道，并给予充分的肯定和政策上的引导。协商民主激发了各阶层人民积极参加公共事务，不断提高公共事务中的实践能力，培养人民独立思考、理性批判的能力，形成民主与法制观念。公益组织在协商民主的制度支持下，正确有效地表达人们的利益需求和愿望，不断激发活力，提升了人民参加公益活动的积极性，同时拓宽公益伦理精神的培育渠道。协商民主使政府和社会领域形成了新型的合作关系，不再是传统的上级和下级的关系，通过协商、对话与合作开展社会公共事务工作，在公共治理的过程中建构包容、平等、自由的话语机制，形成了社会成员广泛接受的共识，为公益伦理精神所培育的社会组织与政治组织相结合提供了更好的民主模式。

第三节　和谐生态文化为公益伦理精神培育创造良好氛围

文化是有意识的人类活动，是人在历史发展过程中的印记，文化是人的特性，文化使世界成为人的世界，使自然现象有了人的意义，文化与人相互界定、互为前提、相互建构。人在实践活动中逐步通过有意识的活动，使自然界不断染上人的实践的印记，在这一过程中，不断地创造出人的意义或价值的精神世界，把个体的人、人与自然紧密地联系起来，以这样的意义和价值为中心建构人类的观念、制度、生活方式等。公益伦理精神的培育及形成不仅受到社会经济、政治的影响，而且受到文化的影响和制约，我国中华优秀传统文化、社会主义先进文化和优秀外来文化构成的和谐文化生态为公益伦理精神的培育创造了良好的氛围。

① 陶文昭：《协商式民主的中国视角》，学术界，2006 年，第 5 期。

一、中华优秀传统文化为公益伦理精神培育提供精神传承

文化提供了物质与符号工具，人类正是通过文化去适应他们所处的生态环境与社会环境并建构关于世界与自我的观念。也就是说，遗传信息与文化信息交织在一起共同形成人的心理发展过程。文化是人的本质特征，人的存在不仅是一种生物存在，更是一种文化历史存在。中国学者周秋光指出，慈善思想一直存在于人类不断发展的历史过程中，是社会进步的一种标志，也是推动社会发展走向和谐的重要力量，几千年的慈善文化历史为当代中国公益伦理精神培育提供了精神上的延续传承，我们应该大力弘扬中华优秀传统慈善文化。

文化是一种行为模式，是一种心理积淀。中国几千年的文化发展历史中，慈善精神一直伴随其中。“慈”在传统文化中表达的是年长者、强者对幼小、弱小者的关怀和帮助，即“恩被于物、慈爱于人”“老其老、慈其幼、长其孤”的意思，慈爱、仁慈、良善的表现。① 以孔子为代表的儒家思想、老子为代表的道家思想和佛教思想是中国古代传统文化的重要组成部分，其中的核心思想仍然是慈善救助、济世博爱的思想。如孔子的“仁者爱人”的思想，孟子的“老吾老以及人之老，幼吾幼以及人之幼”的主张，管仲的“仓廪实而知礼节，衣食足而知荣辱”的论述，老子的“我有三宝，持而保之，一曰慈，二曰俭，三曰不敢为天下先”。中国传统文化中的慈善思想指出人面对幼弱者都会产生同情怜悯之心，进而会产生施与仁爱之心的需求和能力，成为人的精神属性的内在需求。中国近现代社会在慈善文化的指引下，出现了育婴堂、善会、善堂、义堂、民间义赈组织等慈善组织的雏形。当代中国公益伦理精神的形成与中国传统文化中的慈善文化的传承、延续和发展是分不开的。慈善文化是中国传统文化的重要组成部分，指导了中国传统社会的道德规范，调节着人与人之间的社会关系。中国传统慈善文化中的扶贫济困、恤老慈幼的互助意识，体现了利他主义价值观

① 胡发贵：《论慈善的道德精神》，学海，2006 年，第 3 期。

和无私奉献的精神追求和价值理念。中华民族有着优秀的传统文化，是一个勤劳、善良和智慧的民族。中国传统文化中所内含的赈灾济困、养老慈幼、乐善好施的思想影响着传统社会人们的行为规范，成为优秀的传统美德，蕴含于诸子百家的慈善思想体系中，体现于社会大众自觉自愿地扶贫济困的朴素行为之中，而且还造就了中华民族独特的慈善文化，对中华民族的团结、文明和进步起到了重要的作用，成为当代公益伦理精神形成的思想来源。

传统文化是一个民族的血脉情感之所系，是一个民族的精神家园的重要载体和基本组成部分。中国传统文化历史悠久，存留给当今中华儿女的优秀文化遗产，凝聚了前辈们的心血与汗水，弥足珍贵，是传统文化的精髓。公益伦理精神培育积极吸纳中国传统文化中的有益成分，在现代培育过程中发展创新，使优秀文化基因与当代公益文化相适应、与现代社会相协调。传统文化广大精微，历久弥新，孕育出自强不息、厚德载物的民族精神，虽历经沧桑，但百折不挠，至今仍屹立于世界东方。全球化背景下各国之间的竞争领域逐渐多样化，竞争也日益激烈。中国传统文化经过数千年的文化积淀和发展已深深融入中华民族的血脉之中，已成为中华民族共同的精神食粮和中华文明特有的文化基因。中华民族五千年文明史留下了极为丰富的公益文化遗产，是悠久民族的历史见证，也是文化延绵和传承的重要载体。当然，传统文化在其形成和发展过程中，难免不受同时代的时代条件、社会制度等制约，有些不可避免与当时的现实环境不适应的因素。公益伦理精神培育过程中结合时代发展的要求进行提炼，挖掘符合时代发展要求的内容并汲取其合理的思想内核，赋予新的时代内涵；坚持古为今用、以古鉴今，区别对待、有扬弃地汲取利用。

人在实践活动中创造了文化，同时，人又“以文化为工具去适应他们所处的生态环境与社会环境，并建构起关于世界与自我的观念”①。文化历史发展过

① ［法］爱弥儿·涂尔干：《道德教育》，陈光金、沈杰、朱谐汉译，上海人民出版社 2001 年版，第 49 页。

程就是人的心理的“人化”过程。中华优秀传统文化中扶弱济贫、无私奉献的精神内涵使中华民族形成了历史悠久的慈善精神，这一优秀文化为当代中国公益伦理精神培育提供了精神上的传承和延续。

二、社会主义先进文化为公益伦理精神培育提供精神主导

社会主义先进文化是中国共产党以马克思主义思想为指导，以培养四有新人为目标，面向世界、面向未来、面向现代化的民族的、科学的、大众的文化。它是中国共产党带领中国人民在革命、实践和改革的历程中经过实践检验而形成的，是我国在多元文化背景下的主导文化。文化作为人的类本质活动的对象化或对象化的人的本质活动，是主客体“为我关系”过程的桥梁和纽带，也是“为我关系”的结果。文化的作用表现在文化对客体的作用和文化对主体的作用两个方面。文化对客体的作用体现为客体主体化，也就是通过人的文化实践活动，使原本的认识不断创新和超越，赋予事物新的内涵。文化对主体的作用体现为主体客体化和主体间化，主体客体化是把人的意识和精神以制度、思想等文化形式保留，使之为后人所了解和继承，对历史的发展产生影响和发挥作用。主体间化则是一个主体通过风俗、习惯、价值观等文化形式与其他主体进行交往和互动，相互产生影响和促进。

公益伦理精神的培育实际上是对人们价值观的一种积极引导，是调整人们对公共利益和弱势群体的一种心理态度和思想境界，因而它的培育和形成需在一种先进文化的指引下才能促进社会和谐，成为人的全面发展的精神旗帜。随着我国改革开放的深入，科技的创新和网络的快速发展，西方各式各样的文化涌入我国，形成了西方文化与中华文化碰撞、交流、交融、交锋的局面，导致价值观的多元化，在文化背景复杂多样的背景下，公益伦理精神的培育应牢固建立在以先进文化和科学价值观指引的基础之上。

社会主义先进文化是以马列主义、毛泽东思想、邓小平理论、“三个代表”重要思想，科学发展观，习近平新时代中国特色社会主义思想为指导思想的先进文化。这一先进文化是以富强、民主、文明、和谐；自由、平等、公正、法治；爱国、敬业、诚信、友善的社会主义核心价值观为目标，为公益伦理精神

的培育提供了价值主导。公益伦理精神的培育是通过人们在公益活动中的不断实践形成的，人们参与公益活动的前提是需要以一种友善的态度去对待我们生活中的贫困弱势群体，以一种友善的态度去面对私利与公利之间的矛盾。社会主义核心价值观中所倡导的“友善”其实就是公益伦理精神中的灵魂，是公益活动成为“友善”价值观最直接的道德实践。当前我国的分配制度主要通过市场和政府进行分配，市场分配是通过经济效益进行分配，不是通过提供了多少生产要素来分配，政府则根据所需要实现的目标而进行分配，这两者之间的分配都无法避免贫富之间的差距，同时也就无法回避由此产生的社会矛盾，“和谐”“公正”“文明”的社会主义核心价值观则为公益伦理精神的培育指明方向，使之达到第三次分配的效果，减小社会贫富差距，社会实现公平与正义，达到和谐与文明，形成一个公正有序的社会。社会主义先进文化指引下的社会主义核心价值观是在西方多元文化与中华文化的交流、碰撞中，多元化的信仰冲击引发人们价值观的异化等复杂的背景下，为中华民族树立起一面时代精神的旗帜，指引国人精神上的导向，使之成为“一个国家的价值内核、一个社会的共同理想、亿万国民的精神家园”①。

文化其实展现的是人们的生活和生存方式，是人的实践活动的创造物，同时也影响着人的思维方式、精神境界的提升，推动社会的进步、文明程度的提升。能够促进人的全方位的发展，增进经济、政治、社会的协调发展，实现民族性、科学性和大众性的统一，塑造符合时代发展的价值理念和行为方式。社会主义先进文化是中国共产党在实践中检验形成的优秀文化，是马克思主义的继承和创新，植根于中华优秀传统文化，其中内涵的公平正义、自由平等、积极奉献的价值观形成了当代中国人民积极追求向上，努力实现社会进步、人的进步发展的时代精神。社会主义先进文化为公益伦理精神的培育提供了有力的精神指导，公益伦理精神的培育应以此为前进方向，才能真正实现公益伦理精神的价值。

① 人民日报评论员：《人民有信仰，国家才有力量——论弘扬社会主义核心价值观》，人民日报，2014 年第 2 期。

三、优秀外来文化的汲取为公益伦理精神培育提供文化借鉴

公益慈善行为虽然是人类社会发展过程中的普遍现象，是随着人与人之间社会关系产生时就已出现，但现今世界公益文明中的诸多内容，如公益价值、公益理念、基本规则、形态、标准等，最早出现于西方文明之中。因此，应不断汲取西方优秀的外来文化，作为培育当代中国公益伦理精神的文化借鉴资源。

西方公益文明主要来源于宗教思想。基督教盛行于西方，其教义中充满着爱人、无私奉献、行善等理念，博爱是其教义的核心精神。当代西方国家所遵循的公益传统大多由《圣经》之中所塑造。基督教所提倡的爱人与中国传统文化所提倡的血缘亲情之仁爱有所不同，是建立在宗教信仰基础上的“博爱”。这样的爱是不分阶级、亲疏、性别、民族、国家等界限的，即便是陌生人，甚至是仇人也应该以爱相待，体现的是一种泛爱，是不需要回报的爱，慈善成为这样的爱的最好的表现方式。基督教在很长一段时间内在下层贫苦的民众中传扬，宣传和服务的对象也大多是贫苦的平民。随着15世纪新教的改革之后，基督教本身产生的变革使西方原有的公益传统发生了变化，慈善从最初因同情心而产生的救助弱者、贫者的行为转变为每个人应该对社会承担的责任，成为当代公益伦理精神的核心理念。

西方公益文明除了宗教的来源之外，还与西方在不断发展过程中作为人类共同体自然形成的互助传统有关。17、18世纪西方启蒙运动中，人的自由、平等、独立等观念逐渐深入人心，成为西方文化的主流。启蒙运动倡导人的解放，尊重人的价值，强调人作为社会的独立个体，应该担负对社会整体的责任。建立于平等正义理念基础上以自由意志为前提的、社会责任为核心的公益理念逐渐在西方形成。慈善也成为公民之间平等互助的行为，成为一个有高尚责任感的人对社会、对国家、对人类的责任担当。传统的宗教教义与启蒙运动中平等观、民主政治相结合使西方现代公益文明得以产生，并随着19世纪马克思主义的诞生，社会有机体思想观念的形成，西方现代公益理念最终进化成为社会领域的革命，使得公益成为当代西方人日常生活中不可或缺的重要组成部分。

当代中国在经济、政治、文化上都发生了重大的变革，传统的慈善观念已经落后于如今的社会发展，公益伦理精神的培育应汲取现代西方优秀文化作为充足的养分，促进适宜于中国国情的现代化公益伦理精神的形成，使之成为现代化进程中的重要的精神动力，成为实现中华民族伟大复兴力量之源。

第六章

当代中国公益伦理精神培育的路径选择

当下科学技术的发展极大地丰富和拓展了人类的生活空间和领域，促进和提高了人类生活的便利性和生命的成就感，为改善人类的生命质量创造了机遇和条件。但是，人类在享受自身发明创造成果的同时，也承受着前所未有的重负。生态环境的破坏，资源的日益枯竭，恐怖主义的泛滥以及贫困、疾病和犯罪等问题都直接或间接地剥蚀着人的生命感，威胁着人类的生存。另一方面，由传统文化所建构的意义世界的解体，也使现代人丧失了精神家园。在这样的时代境遇下，面对瞬息万变及复杂多样的现代生活时，许多人逐渐丧失了支撑其生命活动的价值资源和意义归宿，特别是我国社会主义市场经济体制改革的不断深化，利益格局分化和多元化利益群体已经形成。公益精神所倡导的仁爱、利他主义、互助原则，对于当前我国在全球化背景下，市场经济的深入发展，现代化进程加快的具体情况下，可以有效地抵制市场竞争中的利己主义和个人利益最大化对社会生活领域的渗透，能够为社会营造诚实守信、互助互爱、平等融洽的环境，切实维护和实现社会的公平正义。同时，通过对人们公益精神的培育，在实践上创新当代中国公益活动的开展模式，有助于提升人们对公民身份认同度，增强每一个公民的社会责任感，以社会的公共利益为价值诉求，指引人们建构正确的世界观、人生观和价值观，形成和谐美好的人际关系，为创建和谐社会，提供有力的价值理念支撑。

公益伦理精神产生于人们生活的社会公共领域之中，是整个社会道德风尚的一种体现。良好的公益伦理精神对推动社会发展，人类文明程度的提高有着不可忽视的重要作用。在深入了解当前中国公益伦理精神的现状的基础上，确立培育目标，建立培育原则，形成有效的培育途径是我们亟待完成的任务。

第一节　当代中国公益伦理精神的培育原则

人的自然、社会和精神的属性决定了人的存在是一种意义性、关系型和主体性存在的融合体。因此，这样的属性和特征导致了人性的多样性、复杂性和特殊性，公益伦理精神的培育也应该遵循这样的本质存在，才能使公益伦理精神的培育体现实效性。

一、主体性原则

马克思在《1844年经济学哲学手稿》中指出："动物只是按照它所属的那个种的尺度和需要来改造，而人却懂得按照任何一个种的尺度来进行生产，……。"① 这里所指的另一个尺度指的就是人具有与动物相区别的主体性的特征。人的主体性主要源于人的精神属性的展现。人作为一种主体性的存在，具有与之相应的意识观念，由此形成具体的各种功能属性。人因为主体性的存在产生了相应的精神和价值需求，由此激发创造新价值的动力，努力实现新的自我行为和意识。人的主体性特征，体现为人与自然的能动性、人与社会的创造性、人对自身的自主性。公益伦理精神的培育是对人的主体意识的提升，体现了人的精神追求。因此，培育过程中首先应遵循的原则是主体性的原则。

人的主体性的特征体现于人在社会关系的形成中具有自主性，体现了人在社会属性基础上主体对自身权利的认可和保障。当前改革开放的进一步深入和市场经济体制的深入转型，人与社会之间的关系较之以往愈加复杂，多元文化和多种价值观不断冲击每一个人的价值选择。人的主体性的原则体现为人与社会关系的自主性，使每一个人在社会生活中处理人与人之间关系的准则时坚持正确的世界观、人生观和价值观，避免因缺乏自主性受到非主流价值观的影响形成从属性、依附性，导致个人与个性的消融，丧失个体的自主选择。人的主体性是人性的精华，是人的精神生活的内在尺度之一。人在实践活动中生成的

① 《马克思恩格斯全集》（第42卷），人民出版社1979年版，第97页。

本质属性决定了人是一种主体性的存在，而主体性地位则是人与自然、社会形成的主客体关系的结构中得到认可而确立的。人的主体性内在规定为人的创造性、能动性和自主性。人的主体性的发展过程是一个主体客体化、客体主体化的相互对象化的改造过程。人的价值活动的追求、价值体系的建构展现了人区别于其他动植物的优越性，因而使人能够在物质基础上形成高于生命存在的目的和意义，人的主体性的存在正是人在精神上的追求形成的不断超越的活动。一个人只有当他意识到自己的存在，并且不断超越这种存在的时候，他才更像一个真正的生活的人。马克思主义人学告诉我们，实践是人的本质规定，人凭借着实践的超越性扬弃对象及自身的规定性，在这样的过程中超越自在世界，同时重新建构人类世界和塑造自己，这就是人的主体性的展现。公益伦理精神培育就是人的主体性的体现，因而只有遵循这一准则，才能得到大众的认可和内心的赞同。人的全面发展是以人的主体性发展为核心，不断塑造人的自身的过程。在这一过程中，人不断地从他律走向自律，依赖性逐渐减弱而主体性不断强化，人的能动性、创造性和自主性的潜能才能得以充分发挥。

人的主体性的存在决定了，公益伦理精神的培育唯有坚持这一原则，以尊重每一个人的主体性为前提，才能激发人在实践中的主体意识，充分发挥人的主体性的作用，使之形成对人类共同体、对公共事务强烈的责任感，积极热情地投入到公益实践中。这一过程，依赖于人逐渐形成的自我意识、自主选择以及人在实践中的投入和反思、人的先天素质的最大可能的实现。苏霍姆林斯基说过：“一个少年，……只有当他的精神力量用来使自己变得更好、更完善的时候，他才能成为一个真正的人”① 公益伦理精神只有在人的主体性基础下培育，才能开发作为社会个体的人的本质力量，才能弘扬其创造性的活力。

在公益伦理精神培育中坚持主体性的原则，主要是人的主体性中体现了人的自主性的特征。德国古典唯心主义哲学家黑格尔曾说过：“人是意识到这种主体性的主体，因为在人里面我完全意识到我自己，人就是意识到他的纯自为存

---

① ［苏］苏霍姆林斯基：《给教师的建议》，教育科学出版社 1984 年版，第 347 页。

在的那种自由的单一性。”① 马克思、恩格斯也说过：“‘思想’一旦离开‘利益’，就一定会使自己出丑。”② 自主性的特征是人在实践活动中作为主体的质的规定性，在主客体的相互作用中发展的自觉能动性和创造性。促使人在公益伦理精神的培育实践活动中更加认识到以纯粹利他的基础出发的重要性。

公益伦理精神的培育中应遵照人的主体性的原则，引导人们在正确处理主客体关系，以人的需要和审美作为实践的尺度认识和改造对象的心理趋向和行为特征，展现为人的创造性的活动，获取物质生活条件的改善及审美对象的“人化”。因此，人可以根据客观实际选择、调节自己的意识和行为，进行清楚而恰当的理性选择，为公益伦理精神的培育形成一种自为性的内在价值尺度。遵循主体性的公益伦理精神培育原则，才能在培育过程中体现人的需求、人的尊严和人的价值，而不是把人凌驾于空中楼阁，完全忽视人的存在和基本需求，一味地注重个体的奉献，丧失培育过程中人的积极性。

二、层次性原则

公益伦理精神的培育是对人的精神境界的提升，是人的道德世界的追求，是人们道德追求的展现。在这一过程中，需遵循层次性的原则，即在公益伦理精神的培育实践活动中依次有层次地、有计划地去设定公益伦理精神的培育计划和措施。公益伦理精神培育的层次性来源于人的主体性的差异、人的自然成长过程所形成的区别以及人的不同的社会关系的形成。

人在自然成长过程中因为基因遗传、成长环境对个体的影响，使每个人之间存在着一定的差异性。每个人在后天接受的教育等不同，使个体之间产生着各种各样的区别，构成各种不同的群体。这些差异必然造成人与人之间的心理、生理、智力等方面的差异，这些差异造成了公益伦理精神培育对象的多样性的产生。同时，每个人都是一种主体性的存在，在其社会化的过程中，人会随着社会的发展、环境的变化、身体的成长而使主体性产生变化，不断超越。因此

① ［德］黑格尔：《法哲学原理或自然法和国家学纲要》，范扬、张企泰译，商务印书馆1961年版，第46页。

② 《马克思恩格斯全集》（第2卷），人民出版社1957年版，第103页。

人的主体性使人在社会化的过程中不断地按照自己的主体意志改造外部世界，在适应外在世界的同时也通过改造世界适应自身。人通过实践不断地改造世界，使之达到自己的目的。正是在这样的过程中，体现了人在实践能力、认识能力上，根据自身的先天条件、知识水平、生活环境等，形成了不同的层次。因而，应根据这些差异性的存在设置培育计划、培育目标、培育方法，从总体上实现公益伦理精神的培育效果。

公益伦理精神的培育层次性还源于人在其现实性上是各种社会关系的总和。社会分工的细化使人被分成为特殊的团体，这些团体形成了有机社会中的不同系统。这些社会系统因其社会功能、价值目标对其构成成员提出了活动价值赋值的要求。所以，当人们成为某一种社会系统的单位时，其价值观念将会跟随其所属群体的不同而不同，进而形成适应这一系统生存和发展的目的、意义的自我认识。公益伦理精神的培育则应该根据不同社会群体的特征、知识结构、社会背景等进行层次性的设置，才能落到实处。

三、针对性原则

在一个社会分工越来越精细，价值呈现多元化的社会结构里，公益伦理精神培育所面对的对象是复杂多样的，为了使公益伦理精神的培育更加富有效果就要求培育过程具有针对性。

社会分工和人的主体多样性的客观存在，使人与人之间形成了不同的个体和群体。针对性主要是指培育内容和培育对象所具备的特点，从实际情况出发，根据不同的对象选择不同的方法，实现培育的有效性。培育对象有不同的个体和不同的群体，还有年龄、职业等区分，社会角色、社会分工也各不相同。因此，在培育中的方法和途径的选择上，必须要考虑到这些问题，同时针对具体对象所具备的知识背景、成长经历、生活环境、性格特点等，选择不同的培育方法，即方法应适宜于培育的对象、不同的任务。就如公益伦理精神的培育对象有儿童、青少年、大学生、务工人员、高级知识分子等，我们需根据不同年龄、不同性别、不同职业等进行公益伦理精神的培育计划设置、目标确定、方法的选择等。针对性还必须体现时代性，不同的历史时期、不同的社会形态，公益伦理精神的培育不同。一定时期热点问题，是人们思想发展变化的反映，同时也为公益伦理精神的培育提供了重要的时机。除此之外，公益伦理精神的培育过程还应该根据对象的不同选择不同的方法，使之更具有针对性，才能真正地产生效果。就如，针对大学生群体，可通过公益教育、网络宣传、组织相关志愿者服务活动等，选择理论学习与实践参与相结合的方式。随着当前我国市场经济的深入发展，社会发展向以经济建设为中心的方向转移，物质利益的追求以前所未有的姿态和地位占据了人们的生活空间，人们的物质生活水平愈加丰富，物质的丰富为公益伦理精神的培育提供了更好的条件，利益意识的提升也为怎样有针对性地开展公益活动提出了挑战。因此，在这样的时代背景下，有针对性地建构互利互惠的公益培育方式才能使公益伦理精神的培育体现实效性。

社会环境的复杂和人的主体多样性的存在，决定了公益伦理精神的培育必须面对多样性的挑战，我们只有根据不同的培育主体、培育环境、培育内容等有针对性地提出培育方法和途径，才能使公益伦理精神真正形成。

四、整合性原则

马克思、恩格斯的历史唯物主义和辩证唯物主义指出，世界万事万物都是处于不断的变化发展中，同时也是处于普遍联系发展中，公益伦理精神培育也是如此，培育过程中的各个要素不是一个个单独孤立的存在，而是相互联系相互影响的，这也为公益伦理精神培育过程中各种资源要素的整合提供了可能。公益伦理精神的培育与人的意识、人的价值观、人所生活的环境等各种各样的因素密切相关，因而使公益伦理精神的培育过程中出现了主体性、层次性特征。这些特征要求我们在培育过程中应充分掌握，才能在培育过程中体现实效性。

公益伦理精神培育工作开展过程中将会涉及多种多样的培育资源，这些资源的利用并非是简单相加，而是相互影响相互碰撞，即便是同一种资源在不同的时间、不同的环境和不同的对象，使用的方法也不同，因此，常常会出现有的资源用途重复、闲置、错位等现象。同时全球化的继续推进和科学技术的巨大进步，加大了不同文化、意识形态之间的相互影响。公益伦理精神培育过程中使用的资源所包含的信息也是千变万化、丰富多彩，如果仅仅采用一种资源或一种工作方法，既容易造成资源的浪费，培育也难以取得实效。因此，我们应在不同时间、空间或时空交替中使用各种公益伦理精神培育资源对应的方法，进行科学的系统的整合，取长补短，在整合中避免资源的重复、浪费，及时地根据时间的不同、环境的不同、对象的不同调整整合方案，使公益伦理精神培育中的可利用资源实现价值最大化和功能最大化，同时也使培育工作得以有序高效地开展。公益伦理精神培育工作中可利用的资源是多种多样的，而每一种资源都在不同的领域有其不同的优势，整合这些资源的利用优势可发挥优势协同作用，达到强强联手的效果，避免单一资源存在的劣势和缺陷，最终完美整合资源，达到培育资源功能、价值利用最大化。

公益伦理精神的培育过程是一个有机的、动态的整合过程，我们只有针对培育过程中的培育对象、培育环境进行有层次的、有针对性的整合培育，才能达到预期的目标，使这样的精神成为推动社会进步的主要精神动力。

第二节　当代中国公益伦理精神的培育载体

公益精神就是公益主体基于一定的关怀和利他意识而面向特定社会群体或人类发展共同关注问题而有所施为的一种心理态度、价值观念和人格品质。它不是人类情感迸发的一时冲动，而是一种以个体主体性获得为前提的理性精神，是自利与利他的统一。公益精神是现代化进程中人与人之间交往密切、公共领域空间不断扩展、社会不断发展进步、文明程度不断提高的产物，公益伦理精神的培育形成与培育载体密切相连、不可分割。公益伦理精神能否在现代化的进程中培育形成，成为促进国家与社会的现代精神支撑与培育过程中有效利用培育载体是分不开的。

《辞海》从化学反应角度对载体进行了定义：①为增加氧化剂的有效面积，一般使催化剂附着于多孔的物体表面，此种多孔物体称为“载体”。②在某种催化剂中，常借中间物的生成以达到催化的目的。这种中间物就是载体。③使溶液中微量元素（或化合物）能在某种化学处理中合理沉淀，此种生成沉淀的加入物体称为载体。④在微量放射性同位素的操作过程中，常加入适量稳定同位素以稀释之，此种加入的稳定同位素也称为“载体”。《现代汉语词典》对载体的定义是："①科学技术上指某些能传递能量或运载其他物质的物质。如工业上用来传递热能的介质，为增加催化剂有效表面，使催化剂附着的浮石、硅胶等都是载体。②承载知识或信息的物质形体：语言文字是信息的载体。"上述为载体的普遍含义，公益伦理精神的培育需通过具体的公益实践，使人们在实践中不断形成符合时代发展的公益意识，积极参与公益活动，在公益具体践行中达到公益伦理精神的培育。因此，在这一过程中，将会产生各种不同的载体为我们培育公益伦理精神提供更好的平台，

承载和传递公益精神的内容或信息，为公益伦理精神实践者所运用，促使公益伦理精神实践主客体之间相互作用的活动形式和物质实体。这些载体首先应承载了公益伦理精神的培育目的、任务、原则、内容等信息，具备明确的目的指向性，成为公益伦理精神培育过程中展现公益精神宗旨的有效平台，才能成为公益精神的培育载体。其次，公益伦理精神的培育是相关公益组织在载体协助和作用下进行的一项有目的、有计划、有组织的实践活动，需通过一定的组织形式及相关的实践活动，使公益主体在实践中受到影响，接受和认同载体所传递的观点、目标等，推动个体精神境界的自觉提升。最后，公益伦理精神的培育载体还应该是这一精神培育过程中的中介体，能够使公益伦理精神实践的主体与客体之间产生联系，相互影响、相互促进。它为公益精神的培育提供和传达信息，提供培育平台和空间。公益伦理精神的培育正是在这些信息的传递和反馈中实现，最终凝聚成现代化的公益伦理精神力量。总之，公益伦理精神的载体应承载当代公益伦理精神的信息和内容。在公益伦理精神的培育过程中，载体作用的发挥至关重要，因此我们必须正确的认识公益伦理精神培育载体的准确定位，根据现当代经济、政治、文化的发展状况，恰当地运用公益伦理精神的培育载体，不断地更新观念，关注载体变化的走向，及时有效地开发利用新的载体。

公益伦理精神是一个国家文明程度的标志之一，是引领社会风尚的标杆。我们只有在把握好公益伦理精神培育载体特征的基础上才能在培育公益伦理精神过程中利用好相关载体，形成良好的互动循环，促进相关培育实践活动高效开展。公益伦理精神培育载体的特征主要体现为承载性、中介性和目的性特征。承载性即这些载体需承载公益伦理精神培育过程中的基本理念、根本原则、道

德规范等信息，人们在生产和生活中有其特殊的生活习惯和民风民俗，民族心理和民族精神的表达方式也是多样化的，因而载体的选择上首先应关注承载性，但也应该结合具体的民风民俗，如民族歌舞、民族传统节日等都可以选择作为公益伦理精神的培育载体，在培育实践中展现和运用出来，得到各族人民的认同，才能发挥作用使其得到传播和交流，促进公益伦理精神的培育。中介性特征是指具有联系主体与客体、主观与客观、内化与外化的中介作用的特性，是公益主体思想内化和外化的中介。公益伦理精神的培育实际上是一个思想转化的过程，培育主体将各地区公益伦理精神培育所内含的相关思想、理念、原则等，通过相关的活动载体传递给公益伦理精神主体，在选择、消化和吸收后，内化为公益伦理精神的行为道德规范、价值理性选择，最终外化为个人志愿奉献的公益行为。目的性特征，即公益精神培育应在运用过程中具备明显的指向性，展现其内容与形式、目的与手段的统一，服务于培育主体，帮助培育主体完成培育任务，实现培育目标。公益伦理精神培育载体的承载性、中介性和目的性特征为公益伦理精神的培育提供主观条件和客观需求，使之最终得以形成。

我们不仅掌握其载体的基本特征，还要挖掘这些载体所内涵的功能，才能正确地运用好这些载体，有效地发挥这些载体的各项功能。

第一功能是承载信息、传导信息功能。公益伦理精神的培育载体最基本的功能是所选的载体应承载相关信息，又能传导这些信息。这些载体所包含的信息应与人们的生活、习俗、发展历史等密切相连，否则难以起到预期的效果。承载信息不是载体的主要目的，仅仅是为了能够“传导”这些信息提供前提和条件。传导公益精神培育中的价值观念、道德规范等才是这些载体的目的和功能。公益伦理精神的培育是一个以载体为基本渠道，传导培育信息为中心的过程。公益伦理精神的培育载体承载的各种信息即目标、宗旨、价值观念、道德规范等相互作用时，意味着开始向公益伦理精神的培育主体传导信息的开始。因此，公益伦理精神的培育载体如公益组织、慈善救助等组织和活动都应承载并包含了各族人民的心理、生活习俗等相关信息，在此基础上传导才能得到各族人民的拥护和认同，对培育起到促进作用。

第二功能是蕴含功能。公益伦理精神的培育载体负载着各种各样的相关信息，但这些信息并非是直观而外显的，而是蕴含于各种载体的运作过程之中。

每一种载体都依靠自己的运作机制和实施规范，把培育对象与载体的运作过程紧密地结合在一起。培育对象在实践活动中接受组织者的引导，在共同参与的过程中接受载体所传导的承载信息，潜移默化地受到教育、感染，由外化到内化，发挥深刻而持久的渗透功能，影响着培育对象的内心世界，最终形成崇高的思想品质和积极向上的人格精神。就如许多传统节日或民族歌舞等都蕴含着互相帮助、团结友爱、扶贫济困等内容，我们进行公益精神培育过程中选择和利用这些载体时就应该挖掘这些蕴含的功能，使之得到认同并发挥出推动作用。

第三功能是中介功能。公益伦理精神培育是培育者与培育对象之间交互作用的活动，它是培育者有目的、有意识、有计划的影响培育对象，引导其身心发展，促使其精神境界得以提升的实践活动。培育过程中，载体不仅要有效传递所承载的各种信息，还要发挥信息被接收之后的“促进信息反应”的催化剂作用，它能够促进培育者与培育对象之间发生良性互动，使培育对象在培育实践活动中得到改变，这就是其特有的中介功能。因此，要发挥好载体的中介功能，就应当选用好、建构好恰当的培育载体，使其能有效地传递信息，促进培育对象接收并认同这些信息，发挥载体在其实践的空间内不断被强化，内化融入培育对象的思想和行为中，实现培育的既定目标。我国大多数农村人口和一些少数民族过去都生活在比较偏远的山区，有着自己的方言和文字，经济、文化、教育都相对较为落后。随着经济的发展，现代化、城镇化的程度加深，各民族与地区间相互交往、流动，逐渐形成大杂居、小聚居、相互交错居住的局面。公益伦理精神载体的选择应结合这样的实际情况，选择符合各地区各族人民生活习惯、文化水平和生存环境相适应的载体。如大家理解认同的公益文化、符合其经济发展状况的公益慈善救助活动等，才能发挥其中介功能。

第四功能是导向和养成功能。公益伦理精神培育过程中所选择的载体，在运用过程中具有明确的目的性即指向性，带有明显的价值取向，如慈善机构在进行各种慈善活动时，活动目的指向救助社会弱势群体，体现了追求博爱、至善的价值观；环保人士在进行各种生态环境保护活动中目的是建构和谐的可持续的生态环境，显示了社会公共利益的公共理性观，面对人类共同的生态环境的严重破坏时的社会责任感等；这些培育过程中的载体发挥了导向和养成功能，这种目的一旦实现，就会成为培育对象生活中长期的思想的指示器和行为的导向仪，但这样的过程不是一蹴而就，而是在培育实践活动中通过载体不断地发挥作用，亲身体验、不断践行，才能达到这样的目标。因此，公益精神培育载体的选择应着重发掘其导向和养成功能，并以各地区的经济、文化和教育水平为基础，符合他们的实际发展水平。

公益精神培育实效性的提升与培育载体的功能发挥密切相连，我们应随着时代的发展创造各种适宜的条件，不断赋予载体所承载的时代信息、挖掘载体蕴含的内在功能，使其充分发挥作用，引导人民自觉自愿地投入到公益活动中，为公益伦理精神的培育提供丰富的生长土壤，促进现代公益伦理精神的养成。

根据上述培育载体的特征和功能，公益伦理精神主要包括管理载体、文化载体、活动载体和大众传媒载体。

一、管理载体

公益活动的开展是在国家相关制度和法律法规的管理下进行的公益实践活动。通过管理层面在这一活动中渗透公益伦理精神的培育内容，实现我们培育公益伦理精神的目的，即规范公共领域中人们的具体行为，提升人们对增进公共利益的追求和积极扶助弱势群体等的信心。公益活动的领域涉及教育、环保、卫生等我们日常生活中几乎所有的领域。因此，从管理上来说，包括了民政、社会组织、教育、文化等所有事业单位的管理。同时它还遍及慈善机构管理、基金会管理、志愿者服务管理、企业的公益部门管理等各行各业的社会组织的管理。

公益伦理精神的培育具有广泛社会性的特点，因而我们在选择运用的载体时，也应该尽可能地实现最广的覆盖面，才能使公益伦理精神的培育体现实效性，有效地实现对所有社会成员的公益伦理精神培育。公益活动的主要管理部门通过树立符合各个不同层次公民的公益伦理精神培育目标，调配社会组织内部人力、物力和培育环境之间的和谐搭配，形成和谐的人际关系，提升人们的积极性，从而达到培育广大公民形成积极向上的公益伦理精神目标。目前我国公益的相关管理制度有明显的官僚化的倾向，体制僵化陈旧，缺乏激励机制和完善的制度建设，随意性较大，实践性差。

因此，培育公益伦理精神应充分运用公益活动的相关管理载体，使广大的公益活动管理部门，通过制定切合实际的目标，制定相关的管理政策、规章制度，完善和创新当前我国公益组织的管理机制，达到进行监管的目的。以管理部门作为载体，使公益活动有规划、有计划、有制度地开展，才能使公益活动形成良好的社会效应，取得较好的效果。

二、文化载体

文化有广义和狭义之分。广义的文化是指人类在不断创造和提升生产力，推动社会发展进步的过程中创造、积累物质和精神财富的总和，包括一切自然生成物之外的社会事物。狭义的文化则是指一切语言、文学艺术、科学知识和所有意识形态在内的精神产品。人类社会的发展历史就是一部文化的发展史，因此，文化的发展是一个动态的发展过程。公益伦理精神培育过程中以文化为载体，就是把公益伦理精神的培育内容寓于当前我国文化具体建设的动态过程之中。

文化的内容主要包括了语言、符号、价值观和具体的行为规范以及相关的物质产品等。价值观和具体规范是文化的核心内容。文化的内容涵盖了我们生活的每一个领域，影响着我们日常生活中的每一个细节，由此形成了文化的普遍性特征。这一特征为公益伦理精神培育提供了广泛的群众性基础，决定了公益伦理精神的培育过程中能够使用培育载体，发挥其重要的功用。除此之外，文化产生于人们的生产生活的实践之中，与人们的实际生活有着紧密的联系，因而具有强大的渗透性的功能，且影响持久，还能产生形象、直观、生动等特点。随着我国对外开放的进一步深入，多元文化对人们的世界观、人生观和价值观产生了巨大冲击，体现在公益服务过程中，不是从内心自觉自愿地参加，而是有许多外在的因素掺杂其中。因此，为了培养人们的责任感，首先应引导人们树立正确的公益服务意识，在实践过程中使我们既为别人做出了奉献，也体现了我们自身的价值。为了鼓励更多的公众加入到公益服务的队伍中，应采取一些激励的措施，但是这些奖励只不过是措施而已，而不应是我们追寻的目的和终极追求。我们应该意识到，在服务别人的同时，也提升了我们自己，得到了别人的认可，实现了我们的价值，这就是公益服务应该树立的正确的公益服务观。正确的观念意识会使公益服务者在实践过程中产生荣誉感、自豪感和幸福感，这些感情会让公益服务者不再计较个人得失，凝聚成服务社会的信念，使我们不仅仅在某个时间根据自己的个体需要，而是一种发自内心的认同，能够使它日常化、生活化。

文化能够覆盖所有的人群和行业，影响到每一个人，发挥的作用能最大范围内实现。文化载体的正确使用，是我们培育好公益伦理精神的重要载体。因此我们应将公益伦理精神的相关内容寓于我国的文化建设过程之中，形成具有中国特色的公益文化，利用文化载体充分展现公益伦理精神的主要内容，使之生动活泼，受到广大人民群众的喜爱，在不知不觉中得到人们的认同，付诸生活实践。因此，选择文化载体，通过发挥文化载体的特殊功能培育公益伦理精神，能够使培育的过程产生“润物细无声”的最佳效果，使人们在日常生活中不知不觉接受。文化的发展必须建立于开放与包容的基础之上，才能不断实现继承与创新的统一，符合时代发展提出的需求。我国多民族文化种类丰富、内容独特，反映不同层次的文化精神品格，是人类文化的重要组成部分，构成了一幅无比愉悦的历史画卷。随着全球化的浪潮和中国三十多年来的开放实践，人们的文化生活丰富纷繁，审美样态迥异，民众的文化选择的空间日渐增多，生活内涵和意义出现多样化。在多元文化的环境下，践行开放文化观念，充分发挥“合而不同”的文化精神，做到文化独特与多样的统一，成为当代公益伦理精神培育的文化源泉。学习与借鉴是改革开放时期中国文化改革发展的必然要求。在人类社会处于和平与发展的进程中，文化打破国界，使各国不同文化之间交流、碰撞、融合、互鉴成为一种常态。习近平 2013 年 3 月 19 日在接受金砖国家媒体联合采访时说：“我们要借鉴人类一切文明成果但不会照抄照搬他国的发展模式。”我们将摄取发达国家优秀文化成果，取其之所长，补己之所短，使其成为我国文化建设的主要驱动力，推动社会发展进步。

恩格斯认为，文化的形成和发展是有条件的，是在客观历史环境下产生的，与诸多因素有着千丝万缕的紧密关系，存在着相互制约、相互促进、共同发展的关系。文化历史合力论不是指单个文化要素的简单相加，而是指文化各要素相互作用结果。因此，文化发展应当坚持开放性的观念，才能使之为实现自我完善而不断地融合其他文化形成最先进的、科学的、符合大众需求的文化成果。每一种文明都是人类智慧的结晶，在人类进步历程中发挥着不可替代的作用。

例如西方从传统的农业社会引发了革命性蜕变，催生了现代工业文明。世界上不存在十全十美的文明，也不存在一无是处的文明，必须去除傲慢偏见与故步自封，以平等的、开放的态度对待各种文明，才能推动文化的不断发展；只有彼此交流与借鉴，以包容尊重的态度对待各种文明，强大的活力才能彰显。中华文明历史悠久，虽历经沧桑却绵延不绝，正是不断汲取和融合其他民族文化精髓的结果。中国改革开放的文化实践，使中国文化不断丰富、发展、繁荣，是继承中华文明兼容并蓄的宽厚品格和博大胸怀的具体体现。当代公益伦理精神的培育植根于中华民族优秀的文化传统，广泛汲取其他各民族的文明精华，以平等开放的姿态对待其他文明，以包容的心态构建和谐文化特色，形成了推动当代公益伦理精神形成的合力。中国改革开放以来，在继承中华民族优秀传统文化的基础上，加强与世界各国交流互鉴中坚持继承与创新的完美结合。文化发展是一个不断批判、继承、创新的实践过程，是指引各族人民走向繁荣富强的有力武器。文化传承过程中践行文化开放的观念，始终坚持科学的马克思主义指导思想，不断摄取新的文化营养，又在生活实践中反复检验创造新文化，不断地丰富马克思主义的文化内容。这一实践过程是在运用马克思主义方法、立场、观点分析和解决中国的具体实际问题，是在践行文化开放观念中形成的。当代公益伦理精神的培育应当以开放包容的态度，挖掘中国丰富文化资源，汲取其他文化营养，不断充实和丰富公益文化内容。

公益伦理精神培育就是要培养人们公共领域生活中具有正确的公益价值观、公共领域的行为规范和扶贫济弱的思想等，使每个公民都具备符合社会需求的公益伦理精神，具备推动社会进步、文明程度提升的思想和行为规范。文化中所内涵的这些价值观、社会行为规范是培育公益伦理精神必需的载体。

三、活动载体

公益伦理精神的培育是通过各种载体的作用使人们积极参与到公益实践活动中。因此选择活动作为公益伦理精神的培育载体，是其中的必不可少的环节。

公益活动作为公益伦理精神培育的载体，就是以公益为目的，有意识地开展与之相关的各种公益活动，把公益伦理精神的培育内容融于活动中；是人们在积极参与活动的过程中，逐渐接受教育，形成公益觉悟和意识，认识到公益的重要性。人们在日常生活中的活动范围和涉及领域都很广，例如教育、经济、政治等各种各样的活动。但是这些活动主要属于人们的职业性的活动。这里指的活动载体指的是人们的职业活动之外的其他的社会活动。如志愿者服务活动、捐赠活动、文化活动、社会调查的相关活动等。随着科技的发展，社会生产率的逐渐提高，人们的物质生活越来越丰富，闲暇的时间也越来越多。人们不再全身心地付诸物质生活的追求，因而闲暇时间越来越多，职业生活之外的社会生活也越来越丰富。这就为我们选择公益活动作为公益伦理精神的培育载体提供了必备的物质条件。公益伦理精神的培育也使我们更加重视各种公益活动有效开展，通过规划、设计和践行，使公益伦理精神的培育通过寓教于活动的方式，利用活动载体逐渐达到公益伦理精神培育的目的。选择活动作为载体是公益伦理精神培育的内在要求。公益伦理精神要培养人们良好的公共领域的利他、奉献精神，和对弱势群体给予关怀和互助；并在公益活动中逐渐外化，形成人们的习以为常的生活习惯；最终成为人们生活的行为规范，指引人们在公共领域的公益价值观。人们的业余生活是人的实践活动的主要内容。选择开展各种公益活动作为培育人们公益伦理精神的载体，积极组织和引导人们参与公益活动，使人们在活动中逐渐形成良好的公益素质，是公益伦理精神的培育顺利进行并取得很好效果的内在需要。当前公众的公益服务平台较为单一，主要集中于某些大型活动，服务方式也相对简单，难以激发公众在无外界奖励政策的情况下主动参与到公益服务的队伍中来。然而仅仅依赖外界的奖励政策，这样的公益服务活动难以长久地开展和坚持。因此，为了增强公众公益服务行动的动力，政府有关部门应为公众建构多样化的公益服务平台，这样的平台建设应尽可能地与服务群体的专业知识相结合，使公众在公益服务的同时，也能巩固自己的专业知识，更能提高公众参加公益服务的兴趣，增强他们参加公益服务的动力。这样的兴趣和动力与外在的奖励相结合，将会使得公众公益服务得到坚持。

活动载体是培育公益伦理精神的必不可少的媒介，我们应积极通过组织各种生动活泼、形式多样、丰富多彩、不同层次的公益活动，吸引人们自愿参与其中，使培育内容在潜移默化中被接受，不知不觉中孕育形成公益伦理精神。

四、大众传媒载体

随着科技的不断发展和创新，人与人之间交往的途径和方法日益增多，微信、微博、QQ 等各种互联网络使人与人之间的关系更加密切，大众传媒不断取得快速发展，几乎所有人都在运用着不同的传媒方式，因此，大众传媒的迅速发展为当前我国日益社会化的公益伦理精神的培育提供了有效的可利用载体。

大众传媒对于公益伦理精神的培育有着不可替代的作用，首先，大众传媒能够最大限度地覆盖公益伦理精神培育的各层次人群。大众传媒利用现代科学技术，借助网络通过各种不同的方式覆盖到了社会的每一个领域，能够使每一个人都受到或多或少的影响。因此，大众传媒通过传播公益价值观、理性价值观、公共领域行为规范等，不断地影响着人们的公共意识和实践行动，进而影响人们在公益领域的精神生活。其次，科技的发展使人们的社会生活更加联系密切，互联网的快速普及使地球变小，世界距离拉近，人与人之间联系更加方便快捷，信息的普及和传送也越加方便。大众传媒的方便、快捷等特点，使其成为现代化建设和市场经济条件下公益伦理精神培育的优秀载体，使用和利用好这一载体是提升公益伦理精神培育有效性的重要途径。

社会的发展和大众传媒的普及使这一传播媒介在公益伦理精神培育中的作用日益凸显，充分利用这一传播工具是时代发展的需要。当然，传媒也有其复杂性的一面，一旦缺乏有效的利用，将会造成更加严重的后果。因此，大众传媒所传播的内容及其对人的影响都是复杂多变的，是一把双刃剑，既有有利的一面又有消极的一面。这就要求职能部门对大众传媒进行宏观管理和指导，使之正确体现和引导当代公益伦理精神培育方向，反映社会主义的时代内容，更好地培育公益伦理精神。

综上所述，管理载体、文化载体、活动载体、大众传媒载体是公益伦理精神培育过程中需要充分运用的媒介体，各种载体都有其特殊的功用和适用的特点，发挥作用的领域也不同。因此，针对不同的培育领域、培育内容，我们应选择与之相应的培育载体，才能充分发挥功能，提升培育的实效性。当然，各个载体之间也是相互联系、相互渗透、互相作用的，我们也不能仅仅片面地强调单一的使用某一种载体而忽视其他载体的作用的发挥，应综合运用和整合功能，形成全方位地进行公益伦理精神培养的态势。

公益伦理精神是时代精神的一种体现，它反映了这一时代人们的政治、经济、文化的发展水平，反映了社会发展过程中人们整体道德水平的高低。因而，公益伦理精神培育载体的具体表现形态多种多样，从不同的方位、不同的角度、不同的发展历史时期，呈现出多种不同的类型。中国公益精神培育载体随着中国政治、经济体制的变化，经历了从传统到现代、从单一向多样化的发展变化。

传统公益伦理精神仅仅展现对孤寡老人、救灾及维护民族的整体利益等的慈善救助之举，缺乏规范的公益伦理培育载体进行有计划有组织的公益活动。中华人民共和国成立后实行高度的计划经济体制，公益事业基本上是政府统一开展，救济扶贫等都是由政府统管，慈善事业基本处于空白，公益伦理精神的培育载体基本都是由政府统一规划设置，这种单一的培育载体是我国公益伦理精神缺失难以适应现代化进程的主要原因之一。随着我国对外开放政策的实施，市场经济体制的深入发展，人们的主体性得到了前所未有的提高，市场经济体制下的等价交换赋予了人们自由、平等的主体性精神。人与人之间交往前所未有地密切，各民族之间的交流不断加深，各地区人民也不断地增加了同外界的经济、政治、文化上的交流。公共领域空间的加大、物质财富的富足、文化水平的提高使公益慈善活动初见规模，公益伦理精神的培育载体也逐渐呈现了多样化的趋势，慈善机构、志愿者服务协会、各种基金会组织等非营利组织部门如雨后春笋的展现，新的现代化的公益伦理精神培育载体逐渐形成，并越来越发挥着重要的作用。社会捐赠、志愿服务、慈善组织、慈善经济贡献、城市慈善文化等方面都有长足的发展。

因此，现代公益伦理精神培育载体不再是单一的国家统一管理设置的慈善机构，而是逐渐脱离于国家行政管理之外的各式各样的民间组织的非营利部门及相关的各种活动。这些组织机构和相关活动，包涵了当代中国公益伦理精神的理念、价值目标和宗旨等，使人们在活动中受到感染、启发、教育，形成了新的理想信念。

当前中国市场经济体制的深入发展，科学技术的不断向前进步，社会主义市场经济中内涵的自由、平等、等价交换等新的理念冲击着各地区人民的思想观念和价值观，各地区人民物质文化生活得到丰富，与其他各民族的经济、政治、文化上的交流日益增加，公共生活领域不断地延伸扩展，创新培育载体成为实现培育公益伦理精神实效性的重要途径。

公益伦理精神培育载体的创新首先应紧跟时代性的特征选择培育载体，才能实现内容与形式的统一。当代我国市场经济的深入发展，赋予了公益伦理精神培育新的时代内容，人与人之间的交往模式和人际关系体现为市场经济体制下的契约关系，中国传统时代的公益慈善理念已发生转变，自觉自律的个体化的私人生活领域与民主化、契约化的公共权力领域的彼此约束是现代化公益精神培育的时代特征，公益伦理精神培育载体的选用需围绕这一主题，才能发挥其应有的功能。其次，必须在科学认识各种载体的形式和特征的基础上正确选择利用现代科学技术载体。我们应全面而准确地掌握各种载体的特点和使用条件，具体问题具体分析，有针对性地选择运用载体，再次，载体的选择利用应不断吸收新观念，依托新技术，创新载体，才能使公益伦理精神的培育更具实效性，增强及时发现、运用新载体的敏感度。随着互联网的兴起、繁荣和普及，公益网站的建设就是我们迫在眉睫的建设新载体的任务，我们应及时利用人们对新事物的兴趣，普及公益精神的相关理念。

创新是一个民族不断向前发展的动力，是一个国家保持新鲜活力的源泉。公益伦理精神的培育载体也应该随着时代的变化而不断创新，否则不仅影响其功能的发挥，还影响着公益精神的培育，影响整个各地区公益事业的发展。

第三节　当代中国公益伦理精神的培育途径

公益伦理精神的培育是通过人们在公益活动中不断的实践而形成的。针对当前我国公益伦理精神中存在的问题和产生的原因，加强公益文化建设、重视公益教育、培育公益专业人才、完善公益组织管理机制和创新公益活动模式是培育当前我国公益伦理精神的有效途径。

一、加强公益文化建设，营造良好公益环境

文化是一种社会现象，是超越自然和本能的东西，是人类创造的产物，是

"人的自觉或不自觉的活动的历史沉淀，是历史地凝结成的人的活动的产物。"①公益文化是人们在公益实践中的思想价值观念和行为规范，是人类意识在实践生活中化育而形成的价值取向、审美情趣和思维方式。这些价值观、审美观等凝聚成了人类文化发展中的精神内核。这一内核的中心是每个人对自身所拥有的财富的消费观，对社会、对弱势群体的关怀态度，以及整个社会对人的公益奉献行为的价值评价和认可的程度。公益文化制约和影响公益的价值取向和公益事业的走向。公益文化的建设应当以中国特色社会主义文化作为文化发展的方向，才符合人民大众的利益需求，符合中国发展的实际状况，进而达成各民族之间的共识，凝聚民族力量，推动社会不断发展进步。中国特色社会主义文化是民族的、科学的、大众的文化，是引领中国不断发展进步的先进文化；中国特色社会主义文化是各族人民为了实现本民族的共同繁荣、共同进步而形成的理想价值的展现。凝聚而成的价值目标为整个社会建立了一种正确的价值取向，促进了各民族间的价值认同，塑造了各族人民的共同理想，增强了各民族间的凝聚力。中国特色社会主义文化起源于各族人民历史发展的产物，人类原始的农耕文化时期，是人类共有的精神财富，它存在的意义不仅是丰富人的机械单调的生活，更重要的是其中内涵的人类原初时期人与自然、人与自身、人与人之间纯真的价值理念，可以安顿人的浮躁的精神世界和心灵，让人品尝到最古朴、最纯净的愉悦，是人的生命源头的文脉。公益文化建设过程中广泛包容且集中表达，是对民众智慧进行反复提炼的结果，激发人民的文化创造活力，丰富发展了中国特色社会主义文化。公益文化是公益事业发展壮大，形成公益伦理精神的精神动力，也是公益事业的灵魂所在。如果公益事业缺少公益文化的支撑，这样的公益事业将是不可持续的，成为无源之水、无本之木。公益在本质上是一种人们在利他主义思想观念指引下开展无私助人的积极道德行为，公益行为的发生源于人们内心向善的道德内驱力，只有人们把公益文化内化于心中，才能够自觉地、持久地参与公益活动，凝聚成整个社会公益伦理精神的展现。

① 梁漱溟：《东西文化及其哲学》，岳麓书社，2012 年第 9 期。

（一）公共责任观

随着社会的发展进步，文明程度的提升，整个社会现代化的步伐随之加快。现代公益伦理精神已经不再是传统的慈善救助的单一体现，而是在全球化背景下，人与人之间的联系日益紧密的情况下，展现于公共领域中不同陌生人群中的积极奉献、乐于助人、关怀整个人类长远发展和推进社会公平正义的责任观的体现。现代化程度的加深导致了人们公共生活频率的加快和公共生活领域的延伸。由于我国公共领域管理体制不完善，且这一领域又缺乏市场对之进行规范，公益伦理精神的培育显得尤为重要，而这一精神中的核心乃是公共责任观的形成。这样的责任是人的自觉理性的认知，而不是外力强加的义务，不仅仅是对某一个人做好事，是一种致力于人类社会进步的责任。因此，公益文化的建设重点是培育公民大众、社会企业形成对自身、社会、人类发展的责任意识。

（二）以人为本的价值观

现代公益伦理精神是一种理性精神，是人们在客观、理智地面对人类共同体的发展进步时超越自己私利的利他价值观的展现，是不受强制的自觉自愿的奉献。这种对公共领域中公共利益的追求和对社会弱势群体的关怀、爱护、同情是建立在一种平等的、相互尊重的基础之上。因此，以人为本的价值理念是公益文化构成的重点，也是公益伦理精神培育的核心之一。以人为本的价值观体现于人们在公益实践中不仅仅是爱心、关怀、奉献，更体现于彼此之间是平等的主体，尊重人的价值和尊严。这样的扶贫济困、公共关怀，不是致力于某一个人、某一突发事件，而是隐藏在这些个体和事件中的对社会发展的关注与推进，以及对人类的关怀。因此，公益文化的建设应着重于培养人们形成以人为本的价值观，培养人们扶助弱势群体和在公共利益实现过程中以人为本，尊重人的价值和尊严，致力于整个社会的发展和进步。

（三）汲取西方优秀文化

公益伦理精神培育要求人们拥有正确的理性的财富观，而这样的财富观的形成需要公益文化的建设不断汲取西方优秀的公益文化，塑造公民建构理性的财富观。中国传统文化中一直延续着血亲继承财产的思想。而西方公益文化源于基督教的博爱的思想，他们认为自己仅仅是上帝所赐予财富的保管者，而不是享有者，积极有效地正确使用上帝所赐的财富，是每个人应尽的责任。公益之父卡耐基指出，富有者仅仅是上帝所安排的财富的托管使者，离开世界时所有的财富均应当返还社会；美国石油大王卡耐基强烈抨击在巨大的财富中死去是一种耻辱。因此，公益文化的建设应在继承中国优秀传统文化的基础上加强对西方优秀文化进行汲取，引导公众形成理性财富观，打破传统财富继承观念和模式，为现代公益伦理精神的形成奠定基础。

（四）大众媒体加大对公益理念和公益行为的宣传

当代社会已经是一个信息化的社会，网络、微博、微信等传播途径的多样化、现代化为公益文化的建设提供了便捷的途径，大众传媒可以通过公益广告、公益新闻等各种方式宣传公益文化，使之常态化并融入人们的日常生活之中，让公众逐渐认识、领悟并最终接受并践行形成积极向上的公益伦理精神。因此，正确合理地使用大众传媒载体是公益文化建设是否成功的关键所在。随着我国经济的发展、科技的进步，手机、电脑等几乎普及到了社会的各个层面、各个领域。因此，借助大众传媒，宣传公益文化成为培育公益伦理精神的重要途径。其优点在于人们更容易接受、认可与赞同，与其他的渠道相比，显得更便捷、更畅通、更有效。这样的宣传有各种不同的方式，例如动画、图片等让人们喜爱的途径，使各个年龄阶段的人群，包括儿童，都能在不知不觉中接受这些理念并实践于自我的日常生活中，达到潜移默化培育的目的。当前，大众传播媒体在我们日常生活中承担着越来越重要的角色。现代公益伦理精神的培育要想普及，应充分利用这一传播媒体的各项功能。

总之，公益文化是以维护、实现和宣传公共利益为主旨，以文化形式存在的一种社会意识形态。公益文化作为一种正能量的社会意识形态，具有广泛性、现实性和先进性。我们应以大众传播媒体为重要工具，继承中国传统文化中济弱救贫的核心思想，融合西方现代的公益理念和思想，培养人们对社会和国家的责任观、以人为本的价值观和正确的财富观，建构具有中国特色和符合国情的公益文化，才能使之更加大众化、普遍化，并得到人们的拥护和认可。

二、重视公益教育，建构现代化的公益意识

教育是人的精神成长的重要方式之一。无论是古希腊以来的人文主义教育传统，还是中国历代相传的高尚人格的精神遗产，都可以见证教育是能引导人

的精神发展的重要途径。当年的施帝纳也一再倡导要进行精神教育，使“心灵纯化”①。公益伦理精神的培育，要求每一个人都能意识到自己在公共生活领域中的角色和相应的公共意识、责任意识，以及公共活动的参与意识，否则一切培育方式的践行都难以深入人心。因此，通过公益教育培养具备良好的公共意识、社会责任感、正确的公益理性价值观是公益伦理精神形成的重要途径。

公益教育主要从家庭教育、学校教育和社会教育来实施。家庭是公益教育的第一个重要的场所。据调查，父母亲热衷于公益事业，孩子也会在今后的生活中效仿并热心于公益活动。家庭是孩子的第一教育场所，父母是第一任教师，父母亲的言谈举止、生活态度和价值观等都时刻影响着孩子，直至其成年独立。因此，公益教育的实施应首先从家庭入手，父母亲应该给孩子做一个积极奉献、热爱生活的榜样，在公共场所做好公德示范、对社会弱势群体力尽所能地给予帮助，使每一个家庭成员都能感受到父母之间的爱的传递、爱的奉献。在这样的潜移默化的影响之下，孩子才能形成一种潜在的公益意识，公益伦理精神中所需的博爱、奉献的种子才能在幼小的心灵生根发芽。就如享誉世界的免费大米公益行动的发起者约翰·布林，发起此项行动的初衷是为了孩子更好地学习英语通过考试，但是他同时又是一个积极的公益行动的参与者。在这样的公益意识驱动下，他设计了具有创意的公益行动，为千百万处于贫困的人群解决了饥饿的问题。

学校教育是我们离开家庭开始社会化的第一个场所。学校教育对公益的态度、方法影响着今后我们在社会上所表现出的公益行为，凝聚成整个社会的公益伦理精神。学校应该对学生加强责任意识的教育，使每个学生都树立起对家庭、社会、国家的责任感，形成公共责任意识，才能凝聚成自愿、奉献、博爱的公益伦理精神。责任意识是每一个公民对自己的社会角色和身份的认知，即对自己身份和角色与之相应的应当做的事中所内涵的责任的自觉体认，是个体对自身及对社会、集体、他人应尽义务和应做贡献的自觉认知，是一种对自身角色所应当承担的责任及为什么承担这样的责任意识。它体现的是人在感性认

① ［德］麦克斯·施帝纳著：《唯一者及其所有物》，金海民译，商务印书馆 1989 年版，第 18 页。

识基础上理性认识的升华。责任意识使人们具备了强烈的社会责任感、道德责任感和法律责任感，进而在某种程度上使其人生境界表现出类的使命意识。公益伦理精神正是在这种使命意识的驱动下的精神境界的展现，马克思、恩格斯指出："作为确定的人、现实的人，你就有规定，就有使命，就有任务，……这个任务是由于你的需要及其与现存世界的联系而产生的。"① 当代大学生大多为90后独生子女，他们特殊的生活环境造就了他们热情、自信、勇敢等优秀的品质，但同时他们也存在着自私、自我、排他等缺点。这当然源于改革开放以来，市场经济在我国的建立、完善和发展，使人们在经济收入上得到提高，生活水平得到了较大的提升。但是，我们也看到了随之而来的负面影响。市场经济转型中经济利益的片面追逐造成环境严重污染、教育公平缺失、社会保障制度不完善等问题，特别是贫富差距过大成了社会关注的焦点。市场经济强化了人的主体性，确认和肯定了个人利益追求的合法性，但是我们也看到了追求个体利益最大化的同时出现了个体理性行为与集体理性结果之间的冲突，如"囚徒困境""搭便车""公共地的悲剧"等现象，导致漠视公共责任和社会正义以及"各人自扫门前雪，哪管他人瓦上霜"的自私自利倾向。这样极度追求经济利益化的社会环境无形中对大学生的世界观、人生观和价值观带来了负面影响，使得当代部分大学生出现了个人利益至上，社会责任感缺失，国家、民族荣誉感缺乏等问题。大学生在公益事业建设中有举足轻重的作用，而少数大学生公益精神的现状并不容乐观。不过，我们也应该看到，大学生自身素质较高，对公益有思想有见解，对弱者会报以同情、心怀怜悯，希望改变他们的现状，解除他们的痛苦。同时，绝大部分大学生对国家社会未来有责任感、使命感、忧患意识，对社会存在的缺陷和问题会积极思考和讨论，希望实现真正的社会公平正义。在这些积极精神因素的影响下，大学生中出现许多热心公益的模范，他们助人为乐、无私奉献、服务社会，在公益事业中发挥着重要的作用，为当代大学生树立了榜样。但是，还应该认识到，部分大学生对公益更多还是停留在想法层面而很少付诸行动。此外，有些大学生在参加公益事业时，真实原因并不是在于公益精神，而是由于自身的利益。因为有的学校将学生参加公益活动

① 《马克思恩格斯全集》（第3卷），人民出版社1960年版，第329页。

作为评奖评优的硬性条件，有的学校将公益活动的学分当作必修学分的一部分。如果参加公益活动对自己没有好处，甚至有损于自己的利益，参加的积极性恐怕很有可能会打折。还有极少数学生的行为和品质与公益精神的道德规范相悖。他们自我意识膨胀、贪图享乐，对需要帮助的弱势群体漠不关心，甚至为了自己的利益做出损人利己的事情，更谈不上无私奉献、服务社会了。因此，学校教育中应该加强对学生的社会责任感的教育，树立对社会、国家强烈的责任感，履行自己应尽的义务，形成个人对国家、社会的使命感，为公益伦理精神的培育提供内在动力。

社会教育是通过国家宣传部门、社区活动中心及其他的相关职能部门等进行公益文化宣传的公益教育，使人们形成对国家、社会、集体等相关的公共领域的公民身份认同、公共责任的担当、公共事务的积极参与意识，培育促进社会和谐发展的公益伦理精神。公民身份的认识是人们对国家所赋予的身份中所内涵的权利与义务的自我感知。每一个公民对这一身份的自我感知的程度表现于国家的认同感和归属感。由此会产生强烈的主人翁意识。这一意识使每一个公民自觉自愿地承担作为公民应当承担的责任，不需要外力的监督和强迫。公民身份的认同中包含了每一个公民独立主体精神的展现、公共领域生活中公共精神的体现、对国家和社会的权利享有和责任担当，以及积极参与公共生活的精神追求。公益伦理精神的培育正是建立在人们对自身的角色身份的认知，对生活的公共领域的权利和义务的认识，是对生活共同体的自觉的责任担当和价值认同。所以，这样的身份认知是公益伦理精神培育的首要条件。社会教育正是要完成人们正确认同自身的公民身份，认真践行公民身份所内涵的责任和义务，达到公益伦理精神培育的目的。同时，社会教育还应该培养人们具备对公共生活领域的公共意识。公共意识即人们对自身所生活的共同体的一种内心认同，即认同共同体的生活方式、价值体系，因而积极地投入到公共生活中，是每一个公民对共同体公共生活的自觉体现。在价值理念上，公共意识将公共利益和个人利益间置于同等的地位，甚至把公共利益的实现置于个人利益之上，并自觉地、理性地努力实现公共利益。由此可以看出，公共意识是人的内在价值的意识体现，是公益伦理精神培育的动力之源。社会教育应该着重培养公众的公共意识。

公益伦理精神的培育是建立在人们对公共生活的积极参与的基础上，形成对公共利益的积极维护，对公共善的追求。公益教育应当注重从家庭教育、学校教育和社会教育实施，培育人们拥有积极向上的公共意识、权责意识、奉献意识，积极参与公共生活，自觉维护和实现公共利益。

三、培育公益人才，促进公益专业化发展

随着中国经济的快速发展，中国进入到富裕阶层的人越来越多，为公益事业的发展提供了较为丰富的物质基础。近几年来，中国公益事业进入了一个快速发展的转型时期，对公益专业人才产生了强劲的需求。同时，公益领域作为一个新的领域，这个领域内有许多利益相关方。因此，需要探索出自己特有的项目运作模式，这些项目运作都需要大量的、各种各样的专业人才提供基础性的支持。公益伦理精神的培育源于在公益活动中的实践凝练而成，而公益活动的有效开展离不开公益组织的规划、目标定位、方法的选择等，这些都离不开大量的人才支撑。免费大米公益行动的发起者约翰·布林是一位专业的计算机程序师，这一点为建立免费大米机制提供了坚实的技术支持，让非常规的手段能更容易变成现实。这就是专业人才在现代公益行动中发挥的重要的力量。只有不断地以社会发展中变化的需求为导向，才能培养出更多的公益行业的领军人物，推动公益事业发展，促进公益伦理精神的培育。

公益服务的持续发展还有赖于公益服务能力的普遍提升，这种能力的增强一方面为公益服务提供了充足的人力资源，也为公益产品的生产奠定了基础。首先，活动设计应该尽量与自己所学专业、学科、学校的优势资源结合起来，充分发挥专业优势。如农业类高校具有明显的服务三农的专业优势，来自农业、涉农、近农类专业的大学生对中国农业、农村、农民的情况更为了解，开展公益活动尤其适合走进农村、结合农业、走近农民。这就需要切合实际将公益服务学习作为高等教育的人才培养目标融入高校日常的教育教学工作中。服务社会是培育英才的重要目标，因而要注重大学生人文素养和公益精神的教育，使大学生掌握基本的社会服务知识、人际交往礼仪和资源筹措方法；其次还要把公益服务与专业实践有机结合起来，开展基于专业知识和专业技能的公益服务，使大学生在公益服务中有应用专业知识的机会，由此也可以提升公益服务的专

业含量，提供多样化的公益服务。专业对口的公益实践使大学生主动参与其中的任何一方各尽所能，同时又相对受益。从而，让每个大学生能从自身的能力优势、兴趣爱好和现实需求出发，充分发挥创意与想象能力，汇聚众人之善意并将之转化为动力十足的善行。

（一）公益人才培训纳入国家人才培养计划

公益人才的培训是壮大公益事业，培育公众拥有公益人才的首要条件。实现这一目标应将这一计划纳入国家发展规划之中，并受到国家重视，政府相关职能部门加以重视和支持，为之调配资源，使计划得到快速实施，才能体现出高效率的发展态势。因此，为满足我国日益提升的公益事业发展的人才需求，应把公益人才培训纳入国家人才培养计划和政府管理范围。2012 年 12 月，民政部发布《民政部关于印发〈2013 年中央财政支持社会组织参与社会服务项目实施方案〉的通知》。该通知明确提出，中央财政决定安排 2 亿专项资金资助社会组织参与社会服务。其中，1500 万元是作为支持人员培训示范项目（D 类）的补助奖金，占总额的 7.5%，拟培训社会组织负责人、业务工作人员 1 万名。①公益人才专业化只有在党和政府的高度重视之下，通过国家为之提供必要的政策和财政资助，制定长远的有规划的目标，搭建公益人才培训平台，完善稳定的培养机制，加强相关政策的落实执行。这样才能使公益专业人才的培养长期稳定发展，公益培训机构获得规模化的发展和活动方式创新，使公益事业更具活力，促进现代化公益伦理精神的形成。

（二）完善公益高等教育体系

当前我国公益人才的培养渠道主要来源于公益高等教育和公益培训。公益高等教育主要是设置在高校的以公益为主的学位教育，如南京大学、中山大学、北京师范大学等都有公益慈善专业方向的硕士、博士点，这些专业的学生经过长时间的系统的学习，人才专业素质较高，能够为公益事业提供品牌人才的效应。但是这对于我国日益增长的公益专业人才的需求不过是杯水车薪，而且这

① 《民政部关于印发〈2013 年中央财政支持社会组织参与社会服务项目实施方案〉的通知》，http：//www.mca.gov.cn/article/zwgk/tzl/201212/20121200392561.shtml，最后访问时间：2014 年 3 月 20 日。

种方式准入门槛过高，除了少部分人能够得到这样的机会，绝大多数人都难以有这样的时间和机会。而公益培训则以“短、平、快”为培训目的，无法兼顾系统性与培训深度。因此，只有不断完善我国公益高等教育体系，在这两者之间寻找平衡点，才能解决公益事业急需的人才需求，又好又快地培养出公益品牌人才，推进公益孵化基地的产生，促进公益伦理精神的培育。2013 年国际“慈善管理硕士研究生”班产生，力图在公益学位与职业培训之间找到一个品牌点，这种项目的学习学制较短，为期一年，学习内容涵盖了全球慈善发展前沿，公益慈善组织的战略规划、筹款、治理、人力资源管理等，项目以有明确的职业方向和公益从业经验为准入条件，有效解决了学位制学习门槛高的障碍和短期培训不够深入的尴尬。这个项目立足于培养具有现代慈善理念的公益事业管理者，面向公益组织管理人员、企业、政府、媒体各界开放，使学员来源具有跨界、多元化的特征。这类项目的产生为完善公益高等教育体系，打造公益品牌人物，实现公益孵化提供了可借鉴的途径。

（三）以适应社会需求为导向，打造品牌公益人才培育基地

公益活动覆盖了慈善救助、志愿服务，涵盖了与人类社会发展密切相关的环境、卫生、教育等各行各业的社会发展热点问题，公益行动必须从社会实际需要出发，才能使提供的公益服务得到社会承认，满足社会需求的变化和发展，打造出具有影响力的公益品牌人物，成为支撑公益机构不断发展壮大的主要动力和推动公益行业发展的杠杆。公益培训机构与办学点应对公共领域的各行业进行公益人才的需求调查，有针对性、目的性地以公益领域中急需人才为方向开展培训项目和开办专业，逐渐形成公益行业人才培养定制化服务，促进培训项目品牌机构的产生，吸引更多有志于这一领域的优秀人才加入其中，推动公益孵化创新模式的产生，解决公益人才缺口的重要问题。

随着中国经济的快速发展，人们的生活越来越富裕，许多人开始关注并投身于公益领域，特别是 2008 年中国的汶川大地震，许多志愿者队伍、公益组织、慈善机构在这一灾难中发挥了重要的作用。然而在此过程中，公益专业人才缺乏的问题显得更加突出。当前公益孵化培训模式正逐渐普及全国，如“社会组织孵化基地”“社会组织培育基地”等成为公益专业人才的重要提供场所。全国第一个培育公益人才的专业孵化基地产生于上海恩派社会组织服务中心在

浦东孵化公益组织。这一组织的产生在全国引起了较大反响，受到全国各地的关注与学习。至此，深圳、广州等各地在与上海进行公益组织人才的交流合作后，相继建立各地的公益人才孵化基地。友成基金会就根据市场的需求有针对性地形成了三大常规公益人才培育项目：培养具有社会企业家精神的青年领袖的“小鹰计划”项目、启蒙大学生社会企业创业的“创业咖啡”项目，以及“新公益领导力研修班”，通过提供一年的网校课程与线下研修课程学习，提高公益领导人的综合能力和组织发展能力。这些项目以社会需求为导向，形成人才培养定制化服务，促进公益孵化创新模式的形成，同时更具有针对性，也避免了培训的简单重复，使师资和经费资源得以更充分和更高效地利用。培训机构为了获得培训市场份额，必将追求专业提升，这对于整个行业的专业化发展大有裨益。

任何理念，哪怕是动机良好的公益行动，若没有一套完整、系统和理性的推广体系以及与之相配套的高效率的执行团队，就不能创造高效的结果。然而，大多数公益行为的短期性、投入的有限性、执行的非专业性，使得最终的收获只会是事倍功半。总之，公益活动的初期阶段，多数组织还未能很好地做到公开透明时，一些透明度高的组织仅仅依靠对善款使用的可信度和透明性便可赢得捐赠人的认可。但随着更多的组织具备了可信性，竞争加剧且捐赠人提高要求后，只有那些同时具备很强的专业技能、能够使善款最大限度发挥效用，并为受益人提供专业化服务的募捐组织才有可能获得社会的青睐。这种专业性要求通常体现在项目的设计和运作，控制成本，对多样化需求的回应性，社区动员，有效协调利益相关人等各方面的能力上。

四、完善公益组织管理机制，提升公信力

公益组织是得到国家政府部门批准依法进行注册登记非营利的公益性社会组织。民政部为全国所有公益慈善类社会组织的主管部门，县级以上的当地行政部门主管该行政区域的公益慈善类社会组织。公益组织的管理机制主要包含了登记制度、激励制度、监管制度、评估机制等，这些制度是否完善影响着公益组织面对公众的公信力，影响着公益组织的发展壮大。

（一）放宽登记制度

登记制度是公益组织最初入门的管理制度，登记制度的设计对公益组织的发展有着至关重要的作用。登记制度过于严格，则会使许多公益组织因为难以获得资格，无法取得合法的地位，更不存在发展壮大。但是登记制度过于宽松，也会使许多尚无资质的公益组织合法地开展公益活动，却因为资质有限，使其活动水平低下，使整个公益组织行业公信力受损。因此公益组织登记制度的合理设计非常重要。改革开放以来，我国的公益组织登记制度较为严格，属于管控型的登记制度，主要表现在实行双重管理的管理制度，也就是每一个公益组织在登记合法资格时，还需要有一个业务主管部门进行挂靠，达到共同管理、共同监督、共同担责的效果。这样的管理制度当然能够严格把关公益组织的资质和活动开展过程中的有效监督，但这无疑使部分公益组织因为登记制度的严格繁琐而绕开这一制度进行非正常渠道开展活动，从而更加缺乏监管而导致行业混乱，降低法律应有的尊严。也有部分机构因为登记制度的严格而不能获取资质，不能名正言顺去开展公益活动，也不能获得政府所给予的免税优惠和政府购买服务的资格，这也是影响公益伦理精神培育的一个关键性的因素。而且，因为多个部门的同时管理，也会造成一些消极的因素，如互相推诿或者业务部门和公益组织之间产生利益的输送，相互利用，获取非法利益等，反而带来负面的效果。党的十八届三中全会通过了《中共中央关于全面深化改革若干重大问题的决定》，《决定》中明确提出重点培育行业协会、科技类、公益慈善类的社会组织，在成立时可以直接依法申请登记，从而降低了公益组织登记注册的准入门槛，使公益组织部门拥有了更加宽松的法律环境和发展空间，充分发挥了公益组织的自主性和积极性，使更多的民间公益部门因此而产生。

（二）完善激励机制

党的十八届三中全会提出，政府改变之前大包大揽的角色认知，充分发挥市场在资源分配中的作用，弱化了政府的作用，使公益组织在一个宽松的政策环境中实践和发展，不断走向市场化。全会还强调完善公益相关的税收减免制度，激励公众更加积极地捐赠财物，推进公益活动更好开展，实现政府与慈善组织之间的充分互动，培育健全的公益组织。我国现行法律法规对慈善事业的税收政策优惠还远远不够。在我国，根据国家税务局和团体以及行业制定的不同税收减免政策，目前只有中国红十字会、中华慈善总会、宋庆龄基金会等全国性公益慈善组织捐赠，才准予在税前的应纳税中全额扣除，其他公益慈善组织则享受不到这些税收优惠政策。因此，有必要建立完善的公益慈善机构认证标准，针对不同的类型采取不同的税收政策和监管办法。同时提高公益慈善捐款的免税额度；对所有公益慈善团体落实“免税”政策，尤其对民办公益组织实行免税政策及对向民办公益组织捐赠的企业或者个人实行减免税收政策，并且通过政府委托或者政府采购的形式加强资金倾斜的力度。简化企业和个人捐赠免税申请程序，提高税收法律体系内部的统一性和协调性，改变税收规制体系内部法律位阶低下的现状。

公益组织活动的顺利开展，不仅需要帮助公众树立正确的服务观和建构多样化的公益服务平台，还需要有完善的管理体制作为保障，否则还是难以达到可持续发展。首先，应该设立独立的部门对公益服务进行管理和监督，这样的管理部门为公益服务提供和搭建专业化、多样化公益服务平台，使公众能在这样的实践活动中达到助人自助。其次，公益服务管理部门应为公众公益服务制定相应的激励措施，这样的措施既包含了物质上的奖励，更要侧重于精神上的激励，两者相结合的激励措施才能使公众公益服务实现可持续发展，而不是流于形式，或者是某些短期的物质需求刺激催生的公益服务，后者看似轰轰烈烈，却难以长久坚持。最后，为公众提供培训平台，提高公益服务整体水平。当前公益服务水平因各方面原因，整体水平较低。甚至有的公众参加公益服务仅仅由于外在原因，把它当成任务敷衍完成，不是从内心自觉自愿去参与，造成公益服务实践活动中效率和水平低下，所以，应为公众提供培训平台，在技术、心理等层面开展培训，提高公益服务的水平。

（三）制定评估机制

公益组织的评估有利于提高慈善组织的诚信度和社会公信力，有利于优化政府部门和社会对公益组织的监督管理，针对民间的公益组织应进行相关评估机制的制定，使这些组织在捐赠、管理赠款赠物以及使用上都进行全方位的监督。评估机构应该制定细化的公益机构评估指标，培训评估人员，形成操作规范、运转协调的评估工作机制。通过对公益组织的评估，能够提高公益组织的诚信度和公信力，为更好地开展公益活动奠定基础，因此，必须进行专业评估队伍的建设。建构专业型评估队伍，使公益活动的各个方面都能得到专业性的评估，还可以聚焦于公信力的方面进行评估，能够更好向公众展示其公信力，也能更好地开展公益活动。专业化的评估可以弥补公众通过舆论对公益组织所施加压力的不足，也能更好地用专业化的方式展示公益组织的公信力。专业型的评估队伍能够更好地掌握评估的标准与尺度，但评估的内容、标志、程序、等级要做到全国统一，国家对评估的结果给予认定，不合格的限期整顿或依法撤销。进一步推进建立第三方评估机制。公益组织信息披露后，特别是涉及资金管理上，公开透明确保每一笔资金安全使用到资助项目，发挥资金的最大功效，自觉接受公众和政府有关职能部门的评估、检查与监督。通过第三方评估机构对慈善组织的信息披露进行评估，定期公布评估结果，将评估资料及结果直接告知公众，接受公众监督。这样可以迫使信息披露工作做得不好的公益组织改进以后的工作，同时建立起信息披露工作的奖励机制，对信息披露好的公益组织给予一定的奖励和大力的扶持。评估机制的完善，使公益活动建立在公开透明的公益资源管理上，增强人们对公益组织的信任度，推动公益事业发展。

（四）健全法律制度

公益组织是利用公共资源来提供公共服务的，能否忠诚、高效、充分地利用这些资源，是公众最为关注的。因此，应加强立法，确定统一的信息公开标准，对公开的内容、时限、方式有统一的规定，保证公益组织间的公平，也保证了信息公开的强制性。

国家通过对政策法规的完善为公益活动提供政策保障。建立和完善有关公益活动的法律政策体系，是推动公益活动走向规范化、常态化的必要前提，也是提升公益行动理性自觉的重要条件。一方面，法律、政策的完善，使公益组织在登记、考核、领导、约束等各方面有相关的制度进行监管，使之规范化，为其建造完善的制度和体制保障，从而使公益行动在合法性和正当性的基础上可以更加具有公信力、更加深入人心。另一方面，通过法律、政策的完善，可以更加明确公益参加者的社会地位，规范和强化公益活动的社会价值，使公益行动者能够得到社会公众的认可；通过法律法规的制定为公益组织者提供人力资源管理及培养的资源，提供更加畅通的渠道；建立认可的途径，增加参与公益活动人员的经验及贡献得到实质认可的机会。只有建立和完善公益组织和公益参与的法律、法规和政策，使公益活动有法可依，才能保证公益活动持续健康地发展。公开时限上，需保证信息公开及时，确定定期报告和重大事件的临时报告制度，公开方式上要充分借助互联网等新兴媒体，高效率地公布完整性内容，保证公众获取信息的便捷。加强对公益慈善信息披露能力的培训，能够对专业的信息进行处理，方便公众理解相关的重要信息。

只有公益组织监督机制完善了，才能确保公益性社会组织的公共性、自身的健康运作，以及确保资金提供者或捐赠人的权利。公益活动的资助方所要求的首先就是可信性原则，即捐赠人对募捐组织的公信力的要求，希望自己捐出去的财物能够最大限度地发挥作用，因此，公信力是公益组织存在和发展的基础，是公益组织的生命力。一旦缺失公信力，公益组织的大厦则会坍塌。因此，公益监督机制的完善，为公益事业的发展提供了制度保障。为了更好地保障公益活动有效地、长期地、规范地开展，促进公益伦理精神的培育，制度建设是必要的条件。

总之，我们应联合制定和完善有关规章制度，以制度、机制保障宏观的管理和引导；指派有经验的管理者指导公益团队或公益项目，给予全程指导和帮助，促进活动顺利开展；当公益活动的目标人群或组织机构进行联系，采取合作建立公益教育基地等形式，为公益活动的开展架设桥梁；给予优秀公益活动项目品牌化建设空间，可以在城市文化活动品牌评选中给予相对的政策倾斜，确保优秀项目得到及时有效的扶持，促进活动项目或团队做大、做强；加强公益活动的审批管理，在审批环节严格把关，避免出现不适合社会发展的活动；根据公益项目需要，从创新创业角度为公益活动提供工作室等扶持。其次，从宣传推广角度上，对发展较好或已取得一定社会影响力的公益活动进行积极的宣传推广，扩大活动影响力，推动品牌走向社会，提高社会知名度和美誉度，从而获得更多社会资源的支持和帮助。例如可以向当地年度“感动人物”等文化品牌评选活动进行推荐，帮助其发展成为区域性的知名文化活动品牌。从公益教育角度来说，为帮助有志于公益事业的人士提高公益服务能力，同时让更多人群提高公益意识，传承公益精神；也可以邀请社会知名的公益活动家来校做报告或举办讲座，让公益教育成为整个社会教育的组成部分。

五、创新公益活动模式，推动公益参与多渠道践行

随着经济一体化、信息全球化时代的到来，当代中国公益伦理精神的培育环境发生了巨大的变化，传统的公益实践方式对于培育当代公益伦理精神已经落后，促进作用有限，只有不断地创新公益活动模式，实现公益参与多渠道践行才能形成适应社会发展潮流的现代化公益伦理精神。创新公益活动模式应从创新观念、创新方法和创新途径这三方面来进行。

创新现代化的公益模式应该首先创新现代化的公益观念，即现代化的公益活动是所有公众都能普遍参与的，而不是传统的慈善活动中，需具备一定的经济条件才能参与；公益活动并非是完全免费的、不能获取利益的，而是获取的利益用于扩大公益的费用，这样就能使公益活动在一种可持续的方式中不断发展壮大，而不是短期的、暂时性的。如宝洁公司的前 CEO 约翰·白波写作的自传《无欲之争》中指出，宝洁应该通过该公司员工的兴趣和能力向社会提供最有价值的帮助，而不是仅仅从金钱上进行援助。创办免费大米公益网站的约翰·布林最初的出发点是为了解决一个父亲所关心的问题，但是他在解决问题时选择了一个非传统的途径，摆脱了传统公益为公益而公益的模式。尽管大多数人致力于维持这样的纯粹性，但是约翰·布林从自己的根本目的出发，结合自己长久以来形成的公益理念，创新出这样一个闻名全球的公益网站，达到了传统公益所不能达到的效果，这一切都是源于最初的观念创新。

创新公益实践模式应以可持续发展为目标。如创新企业经营模式的公益实践，使之能够持续长久地发展壮大。就如闻名世界的阿拉善 SHE 生态协会。在当地政府对于内蒙古阿拉善的生态严重破坏无计可施的情况下，几位赫赫有名的企业家如中国万科董事长王石、台湾大成集团副董事长韩家寰等成立了阿拉善 SHE 生态协会，这个机构的名字体现了一种新型的可持续的公益模式，“SHE”是英文单词 society（社会）、entrepreneur（企业家）和 ecology（生态）的首字母的缩写，寓意就是企业家左边担负着社会责任，右边承载着生态责任。这些企业家改变了传统的公益救济模式，不再是仅仅捐献金钱而已，而是用一种更长远的、治标先治本的方法，出资让当地农民外出考察学习，为其思想打开外面世界的窗口，激发大家自立的观念，改变当地牧民的陈旧理念。接着建

立一种可持续的经营机制，引导村民建立自己的公共资源管理机制。协助建立市场导向的商业模式，发展小额信贷项目，解决农民资金短缺的问题，最终从根本上治理了当地的生态环境，也为当地牧民解决了生存的出路。这融合了新的理念、新的价值，为创新环保和可持续公益活动提供了新的模式、新的途径。如今，阿拉善 SHE 组织已是世界上防治沙漠化最大的非营利组织。

现代化的公益参与不再是传统的公益参与，不再是对自己所亲近的人的付出与帮助，而是上升到社会公共层面，上升到帮助这一群体的人，这些人中不仅仅是熟悉的人还有更多的陌生人，也不再是简单的帮助，单纯的捐助、付出，而是双方共同参与，找到长远的根本的解决方法。每一个人由于受到自身条件和能力的限制，因而在进行公益实践时，常常会感到力不从心、能力有限。因此，创新公益实践模式、普及当代微公益实践形式，有助于培育公民公益精神的形成。微公益顾名思义就是从微不足道的公益事情着手，强调积少成多。通过微公益活动培养人们的爱心无疑会帮助每一个公民建立积极健康的心态，成为具有社会责任感和历史使命感一分子。微公益活动的最大特点就是要使每一个人都有能力参加和融入微公益活动，只有这样才能调动他们参与活动的积极性、主动性和自觉性。参与其中的人不仅学会了尊重和理解他人，更深刻体会到什么是爱和感恩，增强了他们的社会责任感和奉献意识。城市拾荒、义卖活动等都可以根据自身情况来安排具体的实践活动。微公益活动具有参与面和覆盖面很广的特点，这就要充分发挥人们的团队意识，强化团队的责任感和荣誉感，营造一个和谐的氛围，明确团队成员的职责和任务，实现微公益活动的透明化、零成本管理。例如，筑梦基金成立以来取得了良好的发展，得益于有一个团结、和睦、温馨的大家庭，团队成员在活动过程中既是参与者也是管理者，既是奉献者也是受益者。在参与微公益活动的过程中，无形中增加了对团队的认同感、归属感、荣誉感和责任感。

最后，通过团队合作，着力打造公益服务品牌，使公益实践活动实现可持续发展。通过建立公益社团的方式，将已经有效运作的品牌活动固化下来，使得公益服务品牌能够在社会实践中代代相传、创新发展。例如享誉全球的“免费大米”、“红色计划”等公益行动，取得了较大的成功。这些公益行动都是从人们的日常需求出发，用简单、巧妙的创意把公益实践与个人的学习、购物、工作、生活结合在一起，创造出日常生活中人们随时可以践行的公益机制，突破传统公益模式中时间、地点等局限，这种新型的公益模式汇聚众多普通人的善良意愿，展现了聚沙成塔的奉献协作精神，实现公益效率的提高，带领我们驶向了新公益的大门。

公益伦理精神产生于人的实践活动之中，因此只有不断地创新公益实践观念，形成适应社会发展的公益实践模式，才能形成推动社会发展的公益伦理精神。所以，创新公益实践观念应建立在对公益实践环境、实践主体等相关环节的深入了解上，改变传统的强调公益活动中受助者单方面受益的结果；而且不能从传统的已有的公益模式的定向思维去进行公益行动，应建立一种从双方互益的角度出发，既能使受益者获得帮助，又能使行善者实现自身的能力和自我的价值，还能从根本上解决受益者产生困难的原因，即从社会治理、社会发展的角度从根本上解决这一问题，才能形成符合时代发展的现代公益伦理精神。

总而言之，一个国家要走向强大，一个社会要走向现代化，公益精神的培育是不容忽视的。公益精神的研究，对构建一个公平与正义、可持续发展的当代中国有着极其重要的意义。

结　语

公共利益与个人利益之间存在着既对立又统一的关系，它们之间相互矛盾并相互依存。在人类历史上的一个相当长的时期内，个人利益与整体利益、私人利益与公共利益都处于一种混沌的状态。近代市场经济的发展在促进社会各个方面迅速分化的同时，也出现了公共利益与个人利益的领域分化。特别是到20世纪后期，这种分离表现得非常明显，以至于20世纪前期所形成的由政府代表公共利益的观念受到了管理社会化的冲击，以政府为主体的社会管理观念渐渐失去了现实基础。

20世纪后期为新的世纪展现出来的公共管理景象是，政府与各种各样的社会治理力量进入一个合作治理的过程。这样一来，政府权力结构体系的严密性对于公共管理的混合主体而言有着约束力式微的趋势，原先那种通过谋求政府权力结构合理性而去达成社会管理优化的做法很难适应管理社会化的新形势。近代社会在社会生活的各个方面都出现了领域分离的运动，并在分离过程中不断地呼唤伦理精神。农业社会的治理模式是在权力意志的基础上建立起来的，同时也是在法的精神的基础上建立起来的，那么，后工业社会的治理模式将在什么的基础上来加以建构呢？既然工业社会的治理模式不可能在农业社会的权力意志的基础上建立起来，后工业社会的治理体系也肯定不会以法的精神作为基础。正是这一问题，把我们引向了对伦理精神的关注。在走向后工业社会的过程中，我们需在伦理精神的引领下去重建我们的社会治理模式。对伦理精神的呼唤在社会治理的意义上是出于建构合作治理体的需要。或者说，是由于多元社会治理因素的出现打破了有史以来垄断性社会治理，要求政府在由多元社会治理要素构成的社会治理体系中扮演着服务者和引导者的角色，即要求政府转化为服务型政府。在这种情况下，权力意志以及法的精神都无法实现其在社会治理过程中的统摄性功能，从而不得不呼唤伦理精神去取代它们在以往社会治理过程中的位置。人是有理想的，人的理想也反映在人类作为整体的追求之中。当人类有了社会治理的问题时，对“优良的治理”的追求一直是激励人们进行永不停息地探索的力量，推动着人类社会治理的进步，也同时推动着整个人类走向更加文明的状态。不过，每一个时代的社会中都会有着属于它那个时代和社会的善治理想。

公益伦理是调整或化解公益活动中的利益矛盾或冲突的重要方式。当社会弱势群体的贫困状态长期得不到改善时，就可能诱发他们对社会财富进行再分配的强烈愿望。当这种愿望难以实现时，他们则可能采取非正当手段或过激行为来达到目的。要使弱势群体得到良好而有效的救助，则需要公益伦理精神的支撑。因为正如上面所说，慈爱之心是公益事业最内在、最深层的基础。由此可见，构建公益伦理是维持我国社会稳定和谐的一件具有重要意义的大事。

当代中国公益伦理精神的构建从国内视角来看必须吸收和借鉴我国传统道德文化的精华。在我国的传统道德文化中蕴涵着丰富的公益伦理思想。从一定的意义上说，中国是世界上最早展开公益事业的国家。约在公元前 11 世纪的西周，即有专门官职救济贫病之民。乐善好施、扶贫济困、守望相助等公益活动从政府到民间均有显著的表现。但早期，慈善公益事业基本上由官方举办。如南北朝的六疾馆和孤独园，唐朝的悲田养病坊和宋朝的福田院等慈善公益机构。公益伦理精神的构建从国际视角来看还要批判地吸收和借鉴世界各国特别是西方的公益伦理思想。公益是世界各国的共同现象，而且西方的公益事业和慈善机构也相当成熟和发达。这些慈善机构在文化教育、医疗卫生、妇女与儿童权益保护、老年人服务、消除贫困、就业、移民、环保、预防犯罪、社区改造、帮助少数族裔等方面都发挥着十分重要的作用。其发展之成熟、社会上捐款额之巨大、志愿者队伍之庞大在世界上都是首屈一指的。但在现代西方，市场经济的发展加剧了人与人之间的贫富差距，需要得到救助的人越来越多，加之那些贫穷者出于自尊而不愿直接接受他人的捐赠或者救济。于是，其公益事业出现了新的情况。这种新情况的主要表现是，在形式方面由捐献者对贫困者的直接救助变成了通过一定公益组织来间接实施救济。

我国是社会主义国家，因而我国公益伦理的构建必须贯彻为人民服务的精神。之所以如此，就在于为人民服务是社会主义道德体系的核心和整合力量。其根据就在于它以高度凝练的形式，集中地反映了社会主义社会的经济制度、政治制度和文化发展的客观要求。当代中国公益伦理的构建必须反映公益活动本身的基本要求。公益伦理作为调整公益活动内外关系的规范体系，必然同公益活动有着紧密的联系。公益伦理作为公益行为主体应当履行的道德准则和要求，是由公益活动的具体利益和义务及其内容和方式等所决定的，是在长期的、特殊的公益活动中逐渐形成的。

公益伦理精神培育问题既是一个重要的理论问题，也是一个重要的现实问题。公益伦理精神代表着一个社会文明的标志，是人性淳厚和舍己为人的高尚品格的展现，是人类道德的升华和完善。公益伦理精神是一种超越私利的利他精神、扶助弱势的友爱精神、热心公益的责任意识、注重行动的实践精神。随着中国社会主义市场经济的深入发展、政治体制的深化改革，当代中国公益伦理精神体现了互惠性、责任性和自觉性的时代特征，具有增进社会公共利益、促进社会公平正义、引领社会风尚、推动社会进步和谐的时代价值。公益已经成为当代及未来社会的重要力量，是社会的平衡器，是社会冲突的缓冲剂，也是社会运转的润滑油，在当下和未来的社会中很少有人不与之发生关系。培育人们良好的公益伦理精神是本书力求在力量和善意之间寻找的结合点，力求实现善意力量最大化、更好地服务社会的目标。

近些年来，我国的公益事业越来越获得政府以及社会各界的重视，各种公益组织也如雨后春笋般得到蓬勃发展，公益活动也非常活跃。但是，我国理论界对公益伦理精神培育的研究却并没有给予足够的重视。正是出于对公益伦理精神培育现状及其重要性的认识，我在本书中就公益伦理精神培育问题研究做了一些分析和探讨，不仅对中外历史上的公益思想进行了反思和回顾，而且对公益伦理精神的概念、时代内涵以及特征，培育现实基础、原则和途径进行了深入的概括、论证和分析。当然，由于作者水平的限制，上述这些探讨显然是不完善的，对当代中国公益伦理精神培育问题的研究也是不全面、不透彻的。但作者希望能以此为契机，使公益伦理精神培育问题的研究得到学界的高度重视，将这一问题的研究深入下去，以适应我国公益事业发展以及社会主义和谐社会构建的客观需要。

参考文献

一、马克思主义经典著作类

[1] 马克思恩格斯选集（第1卷）[M]．北京：人民出版社，2012.
[2] 马克思恩格斯选集（第2卷）[M]．北京：人民出版社，2012.
[3] 马克思恩格斯选集（第3卷）[M]．北京：人民出版社，2012.
[4] 马克思恩格斯选集（第4卷）[M]．北京：人民出版社，2012.
[5] 马克思恩格斯全集（第1卷）[M]．北京：人民出版社，1956.
[6] 马克思恩格斯全集（第2卷）[M]．北京：人民出版社，1957.
[7] 马克思恩格斯全集（第3卷）[M]．北京：人民出版社，1960.
[8] 马克思恩格斯全集（第4卷）[M]．北京：人民出版社，1958.
[9] 马克思恩格斯全集（第13卷）[M]．北京：人民出版社，1962.
[10] 马克思恩格斯全集（第16卷）[M]．北京：人民出版社，1964.
[11] 马克思恩格斯全集（第20卷）[M]．北京：人民出版社，1963.
[12] 马克思恩格斯全集（第40卷）[M]．北京：人民出版社，1971.
[13] 马克思恩格斯全集（第42卷）[M]．北京：人民出版社，1982.
[14] 马克思恩格斯全集（第46卷）[M]．北京：人民出版社，1979.
[15] 列宁选集（第4卷）[M]．北京：人民出版社，1995.
[16] 列宁选集（第24卷）[M]．北京：人民出版社，1986.
[17] 列宁选集（第31卷）[M]．北京：人民出版社，1958.
[18] 列宁．哲学笔记 [M]．北京：人民出版社，1974.
[19] 毛泽东选集（第3卷）[M]．北京：人民出版社，1991.

[20] 邓小平文选（第2卷）[M]. 北京：人民出版社，1994.

[21] 邓小平文选（第3卷）[M]. 北京：人民出版社，1993.

[22] 江泽民文选（第1卷）[M]. 北京：人民出版社，2006.

[23] 江泽民文选（第2卷）[M]. 北京：人民出版社，2006.

[24] 江泽民文选（第3卷）[M]. 北京：人民出版社，2006.

二、中文译著类

[1] [德] 海德格尔. 存在与时间 [M]. 陈嘉映等译，北京：三联书店，1987.

[2] [德] 黑格尔. 法哲学原理 [M]. 范扬等译，北京：商务印书馆，1961.

[3] [德] 卡尔·雅斯贝斯. 时代的精神状况 [M]. 王德峰译，上海：上海世纪出版集团，2003.

[4] [德] 卡尔·白舍客. 基督宗教伦理学 [M]. 静也等译，上海：上海三联书店，2002.

[5] [德] 康德. 道德形而上学原理 [M]. 苗力田译，上海：上海人民出版社，2002.

[6] [德] 马克思·韦伯. 新教伦理与资本主义精神 [M]. 于晓等译，北京：三联书店，1987.

[7] [法] 卢梭. 社会契约论 [M]. 何兆武译，北京：商务印书馆，2003.

[8] [法] 托克维尔. 论美国的民主 [M]. 董果良译，北京：商务印书馆，1988.

[9] [古罗马] 西塞罗. 西塞罗三论 [M]. 徐奕春译，北京：商务印书馆，1998.

[10] [美] J. D. 亨特. 文化战争. 定义美国的一场奋斗 [M]. 安获等译，北京：中国社会科学出版社，2000.

[11] [美] 阿米·古德曼等. 结社理论与实践 [M]. 吴玉章等译，北京：三联书店，2006.

[12] [美] 伯尔曼. 法律与宗教 [M]. 梁治平译，北京：三联出版

社，1991.

［13］［美］布洛维．公共社会学［M］．沈原译，北京：社会科学文献出版社，2007.

［14］［美］弗兰克.G. 戈布尔．第三思潮——马斯洛心理学［M］．吕明等译，上海：上海译文出版社，2001.

［15］［美］弗洛姆．人的呼唤．弗洛姆人道主义文集［M］．王泽应等译，北京：三联书店，1991.

［16］［美］汉娜·阿伦特．人的条件［M］．竺乾威等译，上海：上海人民出版社，1999.

［17］［美］加里·贝克尔．人类行为的经济分析［M］．王业宇等译，北京：三联书店，1995.

［18］［美］萨拜因．政治学说史［M］．北京：商务印书馆，1986.

［19］［美］亚瑟.C. 布鲁克斯．谁会真正关心慈善［M］．王青山译，北京：社会科学文献出版社，2008.

［20］［美］约翰·罗尔斯．正义论［M］．何怀宏等译，北京：中国社会科学出版社，1988.

［21］［美］亨廷顿．变化社会中的政治秩序［M］．王冠华译，北京：三联书店，1988 年.

［22］［英］尼克·史蒂文森编．文化与公民身份［M］．陈志杰译，长春：吉林出版集团有限公司，2007.

［23］［英］R.G. 柯林伍德．历史的观念［M］．何兆武等译，北京：商务印书馆，1997.

［24］［英］巴特·范．公民身份的条件［M］．郭台辉译，长春：吉林出版集团有限公司，2007.

［25］［英］彼德·斯坦等．西方社会的法律价值［M］．王献平译，北京：中国人民公安大学，2006.

［26］［英］布赖恩·特纳．公民身份与社会理论［M］．郭忠华等译，长春：吉林出版社，2005.

［27］［英］戴维·赫尔德．民主的模式［M］．燕继荣等译，北京：中央

编译出版社，1998.

[28] [英] 休谟．道德原则研究 [M]．曾晓平译，北京：商务印书馆，2001.

[29] [英] 休谟．人性论 [M]．关文运译，北京：商务印书馆，1980.

[30] [英] 亚当·斯密．道德情操论 [M]．蒋自强等译，北京：商务印书馆，1997.

[31] [英] 约翰·穆勒．功用主义 [M]．唐钺译，北京：商务印书馆，1957.

[32] [英] 哈耶克．自由秩序原理（上、下）[M]．邓正来译，北京：三联书店，1997.

[33] [英] 密尔．论自由 [M]．徐宝骙译，北京：商务印书馆，1959.

[34] [加] 威尔·金里卡．当代政治哲学（下） [M]．上海：三联书店，2004.

[35] [加] 威尔·金里卡．自由主义、社群及文化 [M]．上海：上海译文出版社，2005.

[36] [美] 杰弗里·亚历山大．国家与市民社会——一种社会理论的研究路径（增订版）[M]．上海：上海人民出版社，2006.

[37] [德] 马丁·路德著作翻译小组．马丁·路德文选 [M]．北京：中国社会科学出版社，2003.

[38] [英] 麦金泰尔．追寻美德 [M]．宋继杰译．南京：译林出版社，2003.

[39] [德] 列奥·施特劳斯．自然权利与历史 [M]．彭刚译，北京：三联书店，2003.

[40] [英] 莱斯诺夫．二十世纪的政治哲学 [M]．北京：商务印书馆，2001.

[41] [美] 托克维尔．论美国的民主 [M]．北京：商务印书馆，1988.

[42] [美] 托马斯·雅诺斯基．公民与文明社会 [M]．柯雄译，辽宁：辽宁教育出版社，2000.

[43] [奥] 桑德尔．自由主义与正义的局限 [M]．万俊人等译，南京：

译林出版社，2002.

[44]［美］希特．何谓公民身份［M］．郭中华译，长春：吉林出版有限集团，2007.

[45]［英］乔治·奥威尔．公共理性与现代学术［M］．北京：生活、读书、新知三联书店，2002.

[46]［美］罗伯特·达尔．多元主义的困境［M］．尤正明译，北京：求实出版社，1989.

[47]［美］诺齐克．无政府、国家与乌托邦［M］．何怀宏等译，中国社会科学出版社，1991.

[48]［美］泰勒．自我的根源：现代认同的形成［M］．韩震等译，南京：译林出版社，2001.

[49]［古希腊］亚里士多德．政治学［M］．吴寿澎译，北京：商务印书馆，1983.

[50]［美］英格尔斯．人的现代化［M］．尹陆君译，成都：四川人民出版社，2004.

三、中文著作类

[1] 四书［M］．北京：中华书局，2007.

[2] 庄子［M］．北京：中华书局，2007.

[3] 老子［M］．山西：古籍出版社，2003.

[4] 墨子［M］．山西：古籍出版社，2003.

[5] 王炎．宪政主义与现代国家［M］．北京：生活、读书、新知三联书店，2003.

[6] 北京奥运会志愿者工作协调小组办公室编．志愿北京．2005“志愿服务与人文奥运”国际论坛成果集［M］．北京：人民出版社，2005.

[7] 蔡勤禹．国家、社会与弱势群体——民国时期的社会救济［M］．天津：天津人民出版社，2003.

[8] 陈其南．公民国家意识与“台湾”政治发展［M］．台北：允晨出版社，1992.

[9] 陈泽环. 功利·奉献·生态·文化——经济伦理引论 [M]. 上海: 上海社会科学院出版社, 1999.

[10] 邓正来. 市民社会理论的研究 [M]. 北京: 中国政法大学出版社, 2002.

[11] 郭毅等编. 社会资本与管理学 [M]. 武汉: 华东理工大学出版社, 2007.

[12] 韩庆祥. 马克思开辟的道路——人的全面发展研究 [M]. 北京: 人民出版社, 2005.

[13] 韩庆祥. 文化哲学——理论理性和实践理性交汇处的文化批判 [M]. 昆明: 云南人民出版社, 2002.

[14] 韩秋红. 断裂还是传承——西方马克思主义及其当代资本主义观 [M]. 北京: 中央编译出版社, 2004.

[15] 红旗大参考编写组编写. 建设社会主义核心价值体系大参考 [M]. 北京: 红旗出版社, 2007.

[16] 李超. 社会主义市场经济的人学底蕴 [M]. 北京: 人民出版社, 2004.

[17] 李淮春主编. 马克思主义哲学全书 [M]. 北京: 中国人民大学出版社, 1996.

[18] 李艳芳. 公众参与环境影响评价制度研究 [M]. 北京: 中国人民大学出版社, 2004.

[19] 李瑜青. 社会学导论 [M]. 上海: 上海大学出版社, 2004.

[20] 梁启超. 梁启超全集 [M]. 北京: 北京出版社, 1999.

[21] 廖加林. 现代公民社会的道德基础 [M]. 长沙: 湖南大学出版社, 2006.

[22] 刘建军. 单位中国——社会调控体系重构中的个人、组织与国家 [M]. 天津: 天津人民出版社, 2000.

[23] 刘敬鲁. 人·社会·文化 [M]. 北京: 中国人民大学出版社, 2002.

[24] 刘小枫. 现代性社会理论绪论 [M]. 北京: 三联书店, 1998.

[25] 罗国杰主编. 伦理学 [M]. 北京: 人民出版社, 1989.

[26] 马长山. 国家、市民社会与法治 [M]. 北京：商务印书馆，2002.

[27] 齐延平. 人权与法治 [M]. 济南：山东人民出版社，2003.

[28] 秦晖. 政府与企业以外的现代化——中西公益史比较研究 [M]. 南京：浙江人民出版社，1999.

[29] 任剑涛. 权利的呼唤 [M]. 北京：中央编译出版社，2005.

[30] 任剑涛. 中国思想脉络中的自由主义 [M]. 北京：北大出版社，2004.

[31] 尚海等. 四大宗教箴言录 [M]. 北京：中国广播电视出版社，1993.

[32] 石俊主编. 中国佛教思想资料选编第三卷 [M]. 北京：中华书局，1987.

[33] 宋萌荣. 人的全面发展理论分析与现实趋势 [M]. 北京：中国社会科学出版社，2006.

[34] 宋希仁主编. 西方伦理思想史 [M]. 北京：中国人民大学出版社，2004.

[35] 苏国勋. 理性化及其限制——韦伯思想引论 [M]. 上海：上海人民出版社，1988.

[36] 孙立平. 失衡——断裂社会的运作逻辑 [M]. 北京：社会科学文献出版社，2004.

[37] 孙正聿. 哲学导论 [M]. 北京：中国人民大学出版社，2000.

[38] 田凯. 非协调约束与组织运作——中国慈善组织与政府关系的个案研究 [M]. 北京：商务印书馆，2004.

[39] 汪晖等. 文化与公共性 [M]. 北京：三联书店，2005.

[40] 汪荣有. 当代中国经济伦理论 [M]. 北京：人民出版社，2004.

[41] 王东进. 中国社会保障制度的改革与发展 [M]. 北京：法律出版社，2001.

[42] 王根蓓. 市场秩序论 [M]. 上海：上海财经大学出版社，1997.

[43] 王名. 非营利组织管理概论 [M]. 北京：中国人民大学出版社，2003.

[44] 王名. 民间组织通论 [M]. 北京：时事出版社，2004.

[45] 王名等．中国社团改革：从政府选择到社会选择［M］．北京：社会科学文献出版社，2001.

[46] 王啸．全球化时代的中国公民教育［M］．福州：福建教育出版社，2006.

[47] 王新生．市民社会论［M］．桂林：广西人民出版社，2003.

[48] 王宗昱等编著．中国宗教名著导读．佛道教卷［M］．北京：北京大学出版社，2004.

[49] 韦政通．中国文化与现代生活［M］．北京：中国人民大学出版社，2005.

[50] 吴枫等．中国道学通典［M］．海口：南海出版公司，1994.

[51] 吴爽．公民权利基本理论研究［M］．湖北：长江出版社，2007.

[52] 吴玉章．论自由主义权利观［M］．北京：中国人民公安大学出版社，1997.

[53] 吴忠．市场经济与现代伦理［M］．北京：人民出版社，2003.

[54] 夏东元编．郑观应集上册［M］．上海：上海人民出版社，1982.

[55] 夏勇．走向权利的时代［M］．北京：中国政法大学出版社，1999.

[56] 谢瑞智．宪法新论［M］．台北：中正书局，2000.

[57] 徐大同．西方政治思想史．天津：天津教育出版社，2005.

[58] 徐卫华．发展慈善事业的理念认知与行为方式［M］．北京：中共中央党校出版社，2006.

[59] 许安标，刘松山著．中华人民共和国宪法通释［M］．北京：中国法制出版社，2003.

[60] 许纪霖编．共和、社群与公民［M］．南京：江苏人民出版社，2004.

[61] 葛道顺主编．公司与社会公益［M］．北京．社会科学文献出版社，2003.

[62] 杨伟民．社会政策导论［M］．北京：中国人民大学出版社，2004.

[63] 余正荣．生态智慧论［M］．北京：中国社会科学出版社，1996.

[64] 俞可平．社群主义［M］．北京：中国社会科学出版社，1998.

[65] 俞可平．治理与善治［M］．北京：社会科学文献出版社，2000.

[66] 张康之. 寻找公共行政的伦理视角 [M]. 北京：中国人民大学出版社，2002.

[67] 张世英. 论黑格尔的精神哲学 [M]. 上海：上海人民出版社，1986.

[68] 张云. 思想政治教育心理学 [M]. 上海：上海人民出版社，2001.

[69] 郑功成. 社会保障学——理念、制度、实践与思辨 [M]. 北京：商务印书馆，2003.

[70] 郑永廷等. 人的现代化理论与实践 [M]. 北京：人民出版社，2006.

[71] 中共中央文献研究室编. 十二大以来重要文献选编下册 [M]. 北京：人民出版社，1986.

[72] 中国民主同盟中央委员会. 费孝通论文化与文化自觉 [M]. 北京：群言出版社，2005.

[73] 周辅成编. 西方伦理学名著选辑上卷 [M]. 北京：商务印书馆，1964.

[74] 周辅成编. 西方伦理学名著选辑下卷 [M]. 北京：商务印书馆，1987.

[75] 周秋光等. 中国慈善简史 [M]. 北京：人民出版社，2006.

[76] 朱健刚. 行动的力量——民间志愿组织实践逻辑研究 [M]. 北京：商务印馆，2008.

四、论文类

[1] 崔开云. 近年来我国非政府组织研究述评 [J]. 东南学术，2003 (03).

[2] 彭柏林. 公益伦理的界定 [J]. 云梦学刊，2007 (06).

[3] 刘霞. 公益伦理主张的道德义务——论对弱势群体的救助 [J]. 湖南师范大学社会科学学报，2008 (03).

[4] 李彬. 当代中国公益伦理的研究主题及其面临的挑战 [J]. 湖南师范大学社会科学学报，2008 (03).

[5] 彭柏林，戚小村. 论作为公益伦理原则的公平 [J]. 湖南师范大学社会科学学报，2008 (03).

［6］彭柏林. 论当代中国公益伦理构建的必要性及其视角［J］. 重庆工学院学报（社会科学），2008（04）.

［7］韦朝烈. 论公民公益意识的培育与民间公益组织的发展［J］. 探求，2007（02）.

［8］沈朝霞. 慈善事业的人性基础与现实发展——论西方几个派别的慈善思想［J］. 社会科学，1998（04）.

［9］许琳，张晖. 关于我国公民慈善意识的调查［J］. 南京社会科学，2004（05）.

［10］李春成. 公共利益的概念建构评析——行政伦理学视角［J］. 复旦学报（社会科学版），2003（01）.

［11］马德普. 公共利益、政治制度与政治文明［J］. 教学与研究，2004（08）.

［12］张翠萍. 敬业精神. 社会发展的内在精神动力［J］. 社会科学，2002（06）.

［13］余潇枫，盛晓蓉. 论公民人格［J］. 浙江大学学报（社会科学版），1998（06）.

［14］曾广乐. 试论道德精神及其现实意义［J］. 山西大学学报（哲学社会科学版），2002（06）.

［15］吴敏. 重释集体主义［J］. 广西社会科学，2005（07）.

［16］李德顺. 从情感到理性——关于我国当前道德形势的再思考（续）［J］. 教学与研究，2001（06）.

［17］龙静云. 市场经济条件下坚持和弘扬集体主义的思考［J］. 广西大学学报（社会科学版），2001（03）.

［18］吴灿新. 伦理精神的本质及其价值［J］. 现代哲学，2001（04）.

［19］梁莹. 公民自治精神与现代政治知识的成长［J］. 南京社会科学，2008（07）.

［20］龚汝富. 中国古代商人的善德观与慈善事业［J］. 江西财经大学学报，2001（04）.

［21］徐中振. 发展志愿服务的体制背景和社会意义［J］. 当代青年研究，

1998（05）.

［22］余晓菊．实践的合理性．人类走出困境的现实途径［J］．湖南师范大学学报，2003（01）.

［23］张洪武．市场失灵、政府失灵与政府治道变革［J］．理论导刊，2008（08）.

［24］李柏洲．现阶段中国社会利他主义行为分析［J］．学术交流，2008（01）.

五、硕博论文.

［1］刘鑫森．当代中国公共精神的培育研究［D］．广州：中山大学，2006.

［2］戚小村．公益伦理略论［D］．长沙：湖南师范大学，2006.

［3］李莉．中国社会公益供给状况及机制研究［D］．南京：南京师范大学，2007.

［4］李朋来．论个体的公益参与［D］．上海：上海交通大学，2007.

［5］唐欢．论公益［D］．长沙：湖南大学，2007.

六、网络资源

［1］当代中国慈善事业：现状、路径、前景，作者：王振耀，来源：中国社会科学报

httP：//www. sinoss. net/2010/0726/24108. html.

［2］凰网财经．财经资讯．共青团上海市委副书记陈凯：倡导大学生公益创业

http：//finanee. ifeng. eom/news/speeial/ZOlllianghui/shtml.

［3］中国环球网 http：//ehina. huanqiu. eom/roll/2010. html 李连杰打造国内首家公益研究院.

［4］行知公益同盟．新浪博客：http：/109. sina. eom. en/xZ10Ve.

［5］EJR 公益文化传播与资讯服务中心：http：//blog. sina. eom. en/yi-iaren321.

[6] 大学生公益创业行动网：httP：//www. ncse. or. cn/.

[7] 中国基金会研究网：http：//sky. wust. edu. en/jjhyjs/Htm/bsyj. asp？ID =42.

[8] 乐群杯大学生公益创业大赛：httP：//blog. sina. com. cn/lequnbei2010.

[9] 广西师范大学教育发展基金会站：http：//www. foundation. gxnu. edu. cn/.

附录

当代中国公益伦理精神现状调查

各位亲爱的朋友：

本问卷是为了了解当前我国各个领域人士公益伦理精神现状的调查，调查过程中我们将了解您的基本情况，如性别、年龄、文化程度、工作领域等，这些情况的调查结果仅应用于本次研究中，不会给您向外宣传，带来其他麻烦，请您放心填写。调查问卷中的问题均由单项选择问题的形式完成，请您根据您自己的看法做出真实的选择，您的每一项选择都对我们的研究提供很大的帮助，感谢您的支持与配合！谢谢！

1. 您的性别（　　）

A. 男　B. 女

2. 请问您目前的年龄（　　）

A. 20 岁以下　B. 21—30 岁　C. 31—40 岁　D. 41—50 岁　E. 51—60 岁　F. 60 岁以上

3. 您的最高文化程度是（　　）

A. 小学及以下　B. 初中　C. 高中/职高　D. 大学/大专　E. 硕士及以上

4. 您的职业是（　　）

A. 机关干部　B. 教师　C. 管理、技术人员　D. 工人服务　E. 服务行业从业人员　F. 其他

5. 您怎样看待公益？（　　）

A. 公益就是一种无私付出　B. 公益是一种人生价值的体现

C. 公益是一种利己与利他的统一　D. 公益就是慈善，救助弱势群体

6. 您是否了解我国公益相关的税收政策？(　　)

A. 非常了解　B. 听说过，不是很了解　C. 不知道

7. 您认为公益可以通过哪些方式来实现？(　　)

A. 慈善活动　B. 志愿者服务　C. 参加各种非营利组织　D. 参加各种公共服务活动

8. 您知道哪些公益慈善组织/项目？(　　)

A. 中国红十字会　B. 中国妇女发展基金会　C. 中国青年志愿者协会

D. 壹基金　E. 中国公益联盟　F. 国际绿色和平组织　G. 嫣然基金

H. 免费大米　I. 母亲水窖　J. 其他　K. 都不知道

9. 您认为您有义务参加公益活动吗？(　　)

A. 有义务参加　B. 条件允许，可以参加　C. 单位安排工作时，必须参加

D. 没有义务，但根据条件，会选择参加　E. 没有义务　F. 其他

10. 您参与公益活动的频率是？(　　)

A. 很高　B. 较高　C. 一般　D. 较低　E. 无

11. 你参与公益的原因是什么？(　　)

A. 为社会奉献自己的一份力量　B. 个人兴趣和追求　C. 仅仅是体验一下

D. 舆论压力大，担心受非议　E. 单位或学校强制要求

12. 在您看来，大多数人做公益的动机是什么？(　　)

A. 恩赐怜悯　B. 平等、互助、博爱、共享　C. 人生价值的实现　D. 其他

13. 您认为公益事业对改善弱势群体处境、社会环境等问题，作用有多大？(　　)

A. 很有帮助　B. 暂时性的帮助　C. 基本没什么作用

14. 对于学校、企事业单位强制要求学生、员工参加公益行为，您如何看待？(　　)

A. 不赞成，应自愿　B. 可以理解，这是出于善心　C. 不好说

15. 您最近一次参与公益活动的主要原因是？(　　)

A. 同情心，爱心　B. 受信仰影响　C. 赢得社会声誉　D. 从众，看到别人捐我也想捐

E. 由于社会或单位的压力　F. 其他原因 . G. 从未参与过

16. 公益实践活动中，您更愿意帮助以下哪些群体？（ ）

A. 路边遇到的陌生人 B. 媒体报道的失学、重病、孤寡等弱势人群

C. 同事或朋友 D. 遇到困难的亲人 E. 自己能力范围内需要帮助的人

F. 其他

17. 您参与过什么方式的公益活动？（ ）

A. 参加单位组织的捐赠活动 B. 参加志愿者服务的活动 C. 参加公益环保组织的活动 D. 直接联系受助者，进行一对一的捐赠活动 E. 参加教育扶贫活动 F. 已经成为公益组织成员，长期参与公益活动 G. 自己或联合亲友发起一项公益活动

18. 您是否进行过慈善捐赠，财物总计有多少？［捐物请折合人民币估算］？（ ）

A. 捐助过，钱财合计约1—50元 B. 捐助过，钱财合计约51—500元

C. 捐助过，钱财合计约501—5000元 D. 捐助过，钱财合计约5000元以上

E. 捐助过，但记不清金额 F. 没捐助过

19. 您认为中国公益公信力如何？（ ）

A. 很好 B. 比较好 C. 一般 D. 不太好 E. 很不好

20. 假设您准备选择一家公益组织担任志愿者或者进行捐赠，您最看重哪些因素？（ ）

A. 规模大小 B. 受助群体状况 C. 专业素质的高低 D. 有无负面新闻报道 E. 信息透明度

21. 您认为中国公益实践整体水平，与发达国家相比如何？（ ）

A. 远高于发达国家 B. 高于发达国家 C. 与发达国家相当 D. 低于发达国家 E. 远低于发达国家 F. 不清楚